Jlrich Rosenbaum

WESTERN CAPE

Südafrika

360° medien

IMPRESSUM

Western Cape, Südafrika
50 Tipps abseits der ausgetretenen Pfade
Ulrich Rosenbaum

Nachtigallenweg 1 I 40822 Mettmann
360grad-medien.de

Redaktion und Lektorat: 360° medien

Satz und Layout: Elke Gräfe

Gedruckt und gebunden:
LD Medienhaus GmbH & Co. KG I Feldbachacker 16 I 44149 Dortmund
www.ld-medienhaus.de

Bildnachweis: siehe Seite 256

ISBN: 978-3-96855-309-2
Hergestellt in Deutschland

360grad-medien.de

Ulrich Rosenbaum

WESTERN CAPE

Südafrika

360° medien

VORWORT

„Als die Holländer im Kastell die Sonnenuhr ausrichteten, orientierten sie sich an den Koordinaten von Amsterdam. Deshalb geht sie 10 Minuten nach. Und das ist der Grund dafür, dass bis heute in Kapstadt eine solch entspannte Atmosphäre herrscht!" So erklärte einstmals der Guide im Kastell bei meinem ersten Besuch die unwiderstehliche Anziehungskraft der 1651 gegründeten „Mother City" Südafrikas.

Und Kapstadt ist unwiderstehlich. Auch wenn die Atmosphäre im Laufe der Geschichte nicht immer entspannt war, so ist doch eines festzuhalten: Kapstadt war und ist ein Magnet! Lange Zeit für Zuwanderer aus Europa auf der Suche nach Reichtum und Glück, in jüngeren Jahren auch für viele Schwarzafrikaner auf der Suche nach Arbeit und bescheidenem Wohlstand. Und da die europäischen Siedler mit einheimischen Frauen Kinder zeugten, zudem aus Asien und Ostafrika Sklaven ins Land holten, entstand das vielsprachige „Kaapse"-Völkergemisch, das die Atmosphäre so nachhaltig prägt.

Heute ist Kapstadt ein Ziel für Reisende aus aller Welt, die im Nordwinter Sonne und Wärme suchen, die sich in Camps Bay unter die Jeunesse Dorée oder im Gay-Viertel De Waterkant unter die Feiernden mischen, die Sterneküche zu unschlagbaren Preisen genießen oder einfach nur die Stadt vom Tafelberg betrachten und sich am Kap der Kap der Guten Hoffnung fotografieren lassen wollen.

In diesem Buch möchte ich Ihnen Anregungen geben, auch einmal hinter die Kulissen zu schauen, kulturellen Facetten kennenzulernen, die nicht in jedem Reiseprogramm stehen, afrikanischer Kunst und afrikanischen Künstlern zu begegnen, für die Vibe und kosmopolitische Atmosphäre Kapstadts ebenfalls eine magische Anziehungskraft besitzen.

Vor allem aber will dieses Buch einladen, sich im Hinterland der Metropole auf weniger bekannte Seiten dieses unendlich abwechs-

lungsreichen Landes einzulassen: In der heutigen Provinz Western Cape und angrenzenden Regionen. Auf die sonnendurchfluteten Winelands rund um die historische Stadt Stellenbosch, auf die windumtosten felsigen Küstenlandschaften des „Overbergs", wo Südafrika so gar nicht afrikanisch wirkt, auf die Strand- und Berglandschaften der Westküste und der Garden Route, schließlich auf die an Wüstenlandschaften erinnernde Kleine und die Große Karoo mit ihren verschlafen scheinenden Städtchen, die einen ganz eigenen, unverwechselbaren Charakter besitzen. Die 50 Tipps wenden sich an Reisende, die sich für Südafrika und seine Menschen interessieren, die auf genussvolle Weise auch einmal hinter die Kulissen schauen möchten, die aus dem Auto aussteigen und wandern möchten. Und last, but not least, die in diesem traditionellen Siedlerland einige der letzten Reste der afrikanischen Wildnis mit ihren botanischen Schätzen und ihrer Tierwelt kennenlernen möchten.

Viel Freude und Spaß auf Ihrer Reise durch ein einzigartiges Land!

Ulrich Rosenbaum

INHALTSVERZEICHNIS

Hinweise: Während der Recherche zu diesem Buch änderten Lokale und Besucherattraktionen aufgrund der Corona-Pandemie immer wieder ihre Arbeitsweise. Darum wurde bei den Service-Informationen auf die Angabe von Öffnungszeiten, Preisen etc. verzichtet. Allen Reisenden sei empfohlen, sich aktuell vor Ort bzw. auf den aufgeführten Internetseiten zu informieren.

Aus Gründen der besseren Lesbarkeit wird auf eine geschlechtsneutrale Differenzierung verzichtet. Entsprechende Begriffe gelten im Sinne der Gleichbehandlung grundsätzlich für alle Geschlechter. Die verkürzte Sprachform beinhaltet keine Wertung.

Weingut Boplaas

UNTERWEGS IM WESTERN CAPE

Südafrikas Reize erschließen sich erst, wenn man über Land reist. Auf Nebenstraßen, auf Entdeckungsfahrten über schmale Pisten in Naturreservaten. Im Folgenden werden ein paar Tipps zur organisatorischen Gestaltung eines Road Trips, einer Reise mit dem Auto, vorgestellt.

Die erste Frage sollte immer die nach den eigenen Ansprüchen an die Reise sein. Will man die Ruhe genießen, chillen, etwas Wein trinken? Oder mit den Robben schnorcheln, sogar einen Bungeesprung versuchen? Oder eine mehrtägige Wanderung unternehmen? Oder in einem Gourmettempel tafeln, zu unschlagbar günstigen Preisen? Touren müssen oft vorgebucht, Plätze in den Restaurants reserviert werden.

Erst wenn das Gerüst der Reise steht, ist es sinnvoll, die Übernachtungsorte festzulegen. Das ist nicht schwer, denn in Südafrika gibt es Unterkünfte in Hülle und Fülle. Auch im kleinsten Ort findet man neben traditionellen Hotels eine üppige Auswahl von Gäste-

An der Route 62

Constantia, Blick über Weinberge

zimmern (Bed & Breakfast), Lodges, Ferienwohnungen und -häusern. Manche haben erstaunlich gute Restaurants! Aber nicht alle: Südafrikaner lieben Unterkünfte zur Selbstverpflegung (Self Catering), die immer eine voll eingerichtete Küche mit Geschirr und den notwendigen Utensilien haben. Und natürlich einen Grill mit Feuerstelle, denn der abendliche Braai ist in Südafrika heilig – irgendwo in der Grauzone zwischen Nationalsport und Religion angesiedelt! Auch die Nationalparks und Naturreservate bieten eine große Zahl von Unterkünften verschiedener Kategorie, landschaftlich meist wunderschön gelegen.

Sehr zu empfehlen ist auch ein Aufenthalt auf einer Gästefarm. Da der Besitz von landwirtschaftlichen Anwesen mit Hunderten und Tausenden von Hektar Fläche in Südafrika schon lange keine Lizenz zum Gelddrucken mehr ist, bieten viele Farmen Gästezimmer, Ferienwohnungen und -häuser an. Manchmal mit Frühstück und Mahlzeiten, manchmal ohne. Auf den Farmen sind oft Wanderwege markiert. Viele bieten auch andere Aktivitäten wie Reiten oder Kinderprogramme an.

Buchbar sind die Unterkünfte, auch kleinere, über die gängigen Buchungsportale. Führende südafrikanische Portale sind savenues.com, afristay.com, roomsforafrica.com. Wer in den Nationalparks übernachten möchte, kann seine Unterkünfte bequem auf der Seite der Nationalparks bis zu einem Jahr im Voraus buchen: sanparks.org

Südafrika besitzt ein dichtes und gut ausgebautes Straßennetz. Keine Angst vor Linksverkehr und vor nicht asphaltierten Nebenstraßen, den Gravel Roads oder Dirt Roads. Die meisten sind auch mit normalen Pkws zu befahren, in Südafrika als „Sedan" bezeichnet. Für längere Passagen auf Schotterstraßen und Bergpässe sind SUVs mit hoher Bodenfreiheit sinnvoll. Geländewagen, kurz 4x4s, benötigt man nur auf wenigen Strecken wie zum Beispiel durch das Tal Baviaanskloof.

Mietwagen sind preiswert. Reiseprofis buchen die Autos bereits in Deutschland. Vor allem, weil die Zusatzversicherungen für Vollkasko erheblich kostengünstiger sind als im Land selbst. Es ist zweckmäßig, die Fahrzeuge bei einer großen Firma mit vielen

Küste bei Paternoster

Blessbock

Niederlassungen zu reservieren. Größte Anbieter in Südafrika ist zur Zeit Avis.

Reisen wäre ein angenehmer Zeitvertreib, müsste man kein Gepäck mitnehmen und es im Auto aus Sicherheitsgründen nicht von außen uneinsehbar verstauen. Familienfreundliche Kombifahrzeuge wie in Deutschland gibt es in Südafrika nicht. So muss der Gepäckraum bei der Auswahl des Mietwagens unbedingt berücksichtigt werden!

Für Mittel- und Nordeuropäer ungewohnt ist, dass die freie Natur nicht frei zugänglich ist. Für Wanderungen braucht man sehr häufig ein Permit, eine Erlaubnis – manchmal kostenfrei, oft gegen eine geringe Gebühr, gleichgültig ob auf privatem oder öffentlichen Gelände. Wandern wird in Südafrika als aktive sportliche Betätigung angesehen. So haben auch als einfach ausgewiesene Wanderwege manchmal Passagen, an denen mal so eben ein paar Felsen hochzuklettern sind. Deshalb sollte man sich in einsamen Gegenden nie allein auf eine Wanderung begeben. Aber zu zweit oder in einer kleinen Gruppe macht es ohnehin mehr Spaß!

TOP 10

DER SEHENSWÜRDIGKEITEN IN SÜDAFRIKA

---

1 **Das Wahrzeichen – der Tafelberg** Seit jeher begrüßt die Silhouette des Tafelbergs die Besucher von Kapstadt, einst die Seefahrer, die auf ihrer langen Reise zwischen Europa und Asien in der Tafelbucht eine Rast einlegten, heute die Besucher aus aller Welt. Wenn sich nicht gerade ein Tischtuch über den Berg legt, die Table Cloth genannte, charakteristische Wolkenformation, bietet sich vom 1086 Meter hohen Gipfelplateau ein grandioser Blick über die Metropole, die Tafelbucht und das Hinterland bis zum Weinbaugebiet des Kaps und den Bergketten am Horizont. Sportliche Naturen sind zu Fuß in zwei bis drei Stunden oben, seit 1929 ist der Berg jedoch auch durch eine Seilbahn erschlossen. *tablemountain.net*

---

2 **Der Ursprung – Kapstadts Company's Garden** Es war im Jahr 1652, als die Holländische Ostindische Kompanie einen Gemüsegarten anlegen ließ, um die durchreisenden Schiffe nach und von Ostasien mit Lebensmitteln zu versorgen. Ein von Jan van Riebeeck, dem ersten Kommandeur der Kolonie, gepflanzter Birnbaum steht bis heute, ansonsten sind Obst und Gemüse einer gepflegten Parkanlage gewichen. Am Rande des Parks schlägt das politische Herz Südafrikas: Im Parlamentsgebäude finden seit 1885 die großen Debatten statt. Nach einem

Großbrand Anfang 2022 wird das Gebäude in historischer Pracht neu entstehen. Die Parkanlage lädt ein zu Spaziergängen, aber auch zu einem Besuch zwei imposanter Museen, des naturhistorischen Südafrika-Museums und der Nationalgalerie. *capetown.travel*

---

3 **Wo Kapstadt brodelt – die Waterfront** Bis in die 1980er-Jahre wurden im alten Kapstädter Hafen Schiffe gelöscht und Waren gestapelt, dann mussten die alten Hafenanlagen dem technischen Fortschritt in Seefahrt und Logistik weichen. Die Kräne und Lagerhäuser verfielen, wurden abgerissen oder modernisiert und etwas ganz Neues entstand: das touristische Herz Kapstadts mit Hotels und Restaurants jeglichen Stils von Fast Food bis Fine Dining. Zu jeder Tageszeit tummelt sich an der Waterfront ein buntes Volk aus aller Welt, Bands spielen, Galerien preisen Gemälde und Skulpturen an, man kann Boot fahren, mit einem Hubschrauber fliegen, das Aquarium besuchen und in der weitläufigen Mall nach Herzenslust shoppen, bis die Kreditkarte platzt. *waterfront.co.za*

4 **Neues Leben im Zentrum – Long Street und Bree Street** Lange war der Central Business District einem schleichenden Verfall preisgegeben, dann erwachte er nach der Jahrtausendwende zu neuem Leben. Die Long Street, eine der Achsen der Altstadt, wurde zum Magneten. Tagsüber warten Kunstgalerien und hippe Läden – Kapstadt war nicht ohne Grund schon einmal Designhauptstadt der Welt! Wenn sich der Tag dann neigt, flutet das junge Kapstadt die Bars und die Clubs – bis zum frühen Morgen. Und wenn sich der Hunger meldet, ist die parallel verlaufende Bree Street die angesagte Adresse. Von der einfachen Milchbar in einem Bibelladen über Burger- und Veggiebistros bis zum besternten Gourmettempel reiht sich hier Restaurant an Restaurant. *capetown.travel*

5 **Ein anrüchiger Ort – Robben Island** Dass ein Gefängnis von der UNESCO zum Weltkulturerbe erhoben wird, verdankt es nicht seiner glorreichen Vergangenheit, sondern den Verdiensten seiner Insassen. Schon seit dem 17. Jahrhundert diente die Insel in der Tafelbucht als Verbannungsort für Sträflinge, politisch Verfemte und Leprakranke. Zwischen 1961 und 1991 wurden hier Apartheidsgegner und Angehörige des verbotenen ANC festgesetzt. Die Bootstouren zur Besichtigung der Insel starten an der Victoria & Alfred Waterfront. Bei der Führung durch die Gefängnisinsel wird auch die Zelle gezeigt, in der der spätere Präsident Nelson Mandela 18 Jahre seiner insgesamt 27 Jahre andauernde Haft verbrachte. *robben-island.org.za*

6 **Das Kap der Guten Hoffnung**

Das Kap der Guten Hoffnung Weder ist es die südliche Spitze Afrikas noch treffen hier der Atlantische und der Indische Ozean aufeinander. Und doch ist es ein Sehnsuchtsziel: das Kap der Guten Hoffnung. Einst markierte es den Wendepunkt für die Segelschiffe zwischen Europa und Asien, heute ist das etwa 50 Kilometer südlich von Kapstadt gelegene Kliff ein Höhepunkt aller Südafrikareisen. Vom Leuchtturm 238 Meter über dem Meer entfaltet sich ein weites Panorama. Der umgebende Nationalpark lädt auch zum Wandern ein. Gerne wird der Ausflug zum Kap mit einem Besuch der Pinguinkolonie am Strand von Boulders am Rande der Stadt Simonstown verbunden. *sanparks.org/parks/table_mountain/tourism/attractions.php*

7 **Historisches Stellenbosch**

Historisches Stellenbosch Wie kein anderer Ort hat sich die zweitälteste Stadt Südafrikas, bereits 1685 gegründet, ihren historischen Charme bewahrt. Eichenalleen und Häuser aus dem 19. Jahrhundert säumen die Straßen rund um die Groote Kerk. Galerien und Boutiquen, Restaurants, Straßencafés, Weinbars, Studentenkneipen laden ein zum Bummeln und Flanieren – auch nach Einbruch der Dunkelheit ist dies gefahrlos möglich. Stellenbosch besitzt die renommierteste Universität des Landes; die vielen Studenten sorgen für die frische und beschwingte Atmosphäre der Stadt. Wozu sicher auch das eine oder andere Glas Wein aus dem bekanntesten südafrikanischen Anbaugebiet beitragen mag! *visitstellenbosch.org*

8 **Ein Kleinod – der Westküsten-Nationalpark** Ein weitgehend baumloses Stück Land rund um die Lagune von Langebaan, etwa 90 Kilometer nördlich von Kapstadt, wurde unter Naturschutz gestellt, um die Fynbos-Vegetation vor der Überbauung mit Ferienhäusern zu schützen. Die Beobachtung wilder Tiere spielt hier nur eine untergeordnete Rolle, der Nationalpark bietet sich vor allem für Spaziergänge und Wanderungen

an. Besonders attraktiv ist der Park in August und September, wenn sich am Ende der Regenzeiten die Landschaft in ein farbiges Blütenmeer verwandelt. Die ökologisch wertvollsten Gebiete des Parks sind freilich nicht zugänglich: mehrere der Küste vorgelagerte Inseln, ungestörte Brutplätze für zahllose Wasservögel und Robben. *sanparks.org/parks/west_coast/*

9 **Die Metropole der Wale – Hermanus** Das ehemalige Bauern- und Fischerdorf an der Südküste ist dank seines milden Klimas ein Paradies für betuchte Ruheständler – und zugleich die Wal-Hauptstadt Südafrikas. Seit den 1990er-Jahren kündigt der Walschreier publikumswirksam an, wenn ein Wal gesichtet wurde. Von Juni bis November kommen die Riesensäuger aus den antarktischen Gewässern hier sehr nahe an die Küste heran, um ihre Jungen zur Welt zu bringen. Und seit die Jagd auf Wale weltweit geächtet wird, werden es jedes Jahr mehr. Die gewaltigen Tiere lassen sich sowohl von den Klippen, an deren Rand ein kilometerlanger, bequemer Spazierweg entlangführt, als auch vom Boot aus hervorragend beobachten. *hermanus-tourism.co.za*

---

10 **Mitten im Wald – Knysna** George Rex, angeblich ein illegitimer Abkömmling des britischen Königs Georg III., gründete vor mehr als 200 Jahren inmitten ausgedehnter Wälder an einer Lagune den Holzfällerhafen Knysna. Die Wälder sind immer noch imposant, in ihnen leben sogar noch ein paar Elefanten. Später wurde in der Umgebung auch Gold gefunden, doch ist Knysna heute vor allem ein beliebter Urlaubsort – mit Golfplätzen, erstklassigen Hotels und Gästehäusern, Restaurants, einer Craft-Brauerei und wunderbaren Stränden in der Umgebung. Bekannt ist Knysna auch für seine Austern, die jedes Jahr im Juli während des Knysna Oyster Festivals zelebriert werden – aber auch in der übrigen Zeit gerne mit einem Glas Weißwein genossen werden. *visitknysna.co.za*

KURIOSES & BESONDERHEITEN

IN SÜDAFRIKA

Kult am Kap – der Gatsby Ein kulinarischer Geniestreich war es sicherlich nicht, der Rashad Pandy im Jahre 1976 gelang. Für ein paar Kumpels, die ihm beim Bau seines neuen Hauses halfen, packte der Besitzer eines Fish&Chips-Ladens Pommes Frites, Fleischwurst und Atjar, scharf eingelegtes Gemüse, zwischen die Deckel eines Weißbrots – und der Gatsby war geboren. Schnell begann das preiswerte Monster-Sandwich seinen Siegeszug durch die Cape Flats und Kapstadt. Was auch damit zu tun hat, dass bedingt durch die Umsiedlungspolitik der Apartheid „takeaways" in den 1970ern wie Pilze aus dem Boden schossen. Bis heute ist der Gatsby beliebt: ein 30 bis 40 Zentimeter langes Weißbrot, gefüllt mit Fisch, Wurst oder Fleisch, Salat, Pommes Frites und Saucen aller Art in vielerlei Varianten – der „klassische" Imbiss für gut gelaunte Partygänger.

Super Fisheries, 63 Old Klipfontein Road, Athlone, Cape Town, 7764, Tel. +27 21 696 9833

Es ist wieder da – das Quagga
Einst bevölkerte es in großer Zahl die Savannen, dann wurde es so lange gejagt, bis 1877 das letzte Exemplar in freier Wildbahn starb: das Quagga, das größte afrikanische Zebra und inoffizielles Wappentier Südafrikas. Der Tierpräparator Johannes Rau entdeckte, dass das Quagga keine eigene Art,

sondern nur eine Unterart des Steppenzebras war. 1987 begann er ein einzigartiges Experiment: die Rückzüchtung eines ausgestorbenen Tieres. Die Bemühungen waren erfolgreich, und heute leben wieder etliche Herden von „Rau-Quaggas" in einer Reihe privater Wildreservate, u. a. im Naturreservat des Weinguts Vergelegen und auf der Farm Bartolomäus Klip nordöstlich von Kapstadt.

Elandsberg Farms and Nature Reserve, Hermon 7308, Tel. +27 22 448 1087, *bartholomeusklip.com, quaggaproject.org*

Malerisches Elim

Eigentlich kein Touristenziel, aber doch ein lohnender Stop an der Straße von Hermanus in Richtung Kap Agulhas: Elim, ein Dorf, das von Missionaren der Herrnhuter Brüdergemeinde gegründet wurde, um der bedrängten einheimischen Bevölkerung unter widrigen Umständen ein Leben in Würde zu ermöglichen. Eine fast 200 Jahre alte Wassermühle kann besichtigt werden; im Dorf steht auch das älteste Denkmal Südafrikas, das an die Abschaffung der Sklaverei erinnert. Mit großem Vergnügen steigen die Männer aus Elim den Südafrikanern aufs Dach – als begehrte Fachleute für die Errichtung von Reetdächern werden sie im ganzen Land engagiert; doch trotz der Wanderarbeit ist die Dorfgemeinschaft erstaunlich intakt geblieben.

Elim Tourism Office, Church Square, Elim 7284, Tel. +27 82 678 0450

Der Railway Market in Elgin

Jahrzehntelang versorgte Elgin Europa im Frühjahr und Sommer mit frischen Äpfeln, doch mussten viele Apfelbäume Weinreben weichen. Denn Weißweinen ist das Klima hier deutlich zuträglicher als in den Vinelands um Stellenbosch, Franschhoek und Paarl. So haben etliche der bekanntesten Weingüter Südafrikas bei Elgin Flächen zur Abrundung ihres Sortiments erworben. Probieren lassen sich die edlen Tropfen im populären Elgin Railway Market, einer Art-déco-Halle mit Marktständen, Bars und Food-Outlets, die vor allem am Wochenende zum Leben erwacht. Samstags fahren in der Saison Dampfzüge von Kapstadt nach Elgin. Und auf abenteuerlustige Naturen wartet in den nahen Bergen eine der populärsten Ziplines Südafrikas.

The Market, Oak Avenue, Elgin 7180, Tel. +27 21 204 1158, *ceresrail.co.za, elginrailwaymarket.co.za, canopytour.co.za, elgingrabouw.co.za*

Eine Fata Morgana in der Karoo – Matjiesfontein

Der Sultan von Sansibar, der Diamantenkönig Cecil Rhodes, die Schriftstellerin Olive Schreiner und britische Admiräle zählten zu den illustren Gästen von Matjiesfontein, einer Sommerfrische aus der Retorte mitten im Nirgendwo an der Eisenbahn von Kapstadt nach Johannesburg. Geschaffen wurde sie von dem geschäftstüchtigen Schotten James Logan, der Villen und das bis heute bestehende Hotel Lord Milner bauen ließ, dazu den ersten Cricketplatz, die erste elektrische Stra-

ßenbeleuchtung und rohrleitungsgestützte Wasserversorgung in ganz Südafrika. Nach dem Ersten Weltkrieg kam der Ort aus der Mode, doch die historischen Gebäude sind erhalten, behutsam restauriert und modernisiert. Und so lässt sich mitten in der Karoo ein städtebauliches Fossil aus einer untergegangenen Zeit bewundern. *matjiesfontein.com*

☆ **Jazz – die Schwingungen Kapstadts**

Jazz gehört zu Kapstadt wie Techno zu Berlin. In den gefühlvollen Rhythmen Abdullah Ibrahims und seiner Nachfolger spiegeln sich Kreativität und Lebensgefühl der aus zahllosen Ethnien zusammengewachsenen Coloured Community am Kap. Die volkstümliche Variante lässt sich zum Neuen Jahr und zum Karneval bewundern, wenn die „Kaapse Klopse" genannten Kapellen mit Tausenden von bunt gewandeten Musikern auf den Straße aufspielen. Etliche Jazzbands der Cape Flats haben Weltniveau und das Internationale Jazzfestival von Kapstadt, das jeden März stattfindet, wird von Enthusiasten hoch gerühmt. Dabei hat Jazz das ganze Jahr Saison, kein Tag vergeht in Kapstadt ohne hochkarätigen Live-Jazz. *capetownjazz.weebly.com*

DEUTSCHLAND
POLEN
RUSSLAND
TSCHECHIEN
SLOWAKEI
UKRAINE
FRANKREICH
SCHWEIZ
ÖSTERREICH
UNGARN
SLOWENIEN
KROATIEN
RUMÄNIEN
SERBIEN
Schwarzes Meer
ITALIEN
BULGARIEN
SPANIEN
PORTUGAL
GRIECHENLAND
TÜRKEI
Atlantischer Ozean
Mittelmeer
SYRIEN
LIBANON
IRAK
IRAN
MAROKKO
ISRAEL
JORDANIEN
ALGERIEN
LIBYEN
ÄGYPTEN
WESTSAHARA
SAUDI-ARABIEN
MAURETANIEN
MALI
NIGER
SUDAN
ERITREA
JEMEN
SENEGAL
GAMBIA
TSCHAD
GUINEA-BISSAU
GUINEA
BURKINA FASO
BENIN
NIGERIA
DSCHIBUTI
SIERRA LEONE
ELFENBEIN-KÜSTE
TOGO
GHANA
LIBERIA
ZENTRAL-AFRIKANISCHE REPUBLIK
SÜD-SUDAN
ÄTHIOPIEN
KAMERUN
SOMALIA
Nordatlantischer Ozean
ÄQUATORIALGUINEA
GABUN
KONGO
DEMOKRATISCHE REPUBLIK KONGO
UGANDA
KENIA
RUANDA
BURUNDI
TANSANIA
ANGOLA
SAMBIA
MALAWI
MOSAMBIK
SIMBABWE
MADAGASKAR
NAMIBIA
Indischer Ozean
BOTSUANA
SWASILAND
Südatlantischer Ozean
SÜDAFRIKA
LESOTHO

ANGOLA
SAMBIA
Harare
Gokwe
SIMBABWE
Tsumeb
Maun
Otjiwarongo
Sowa
Masunga
Orapa
Francistown
NAMIBIA
Ghanzi
Selebi-
Phikwe
Windhuk
BOTSUANA
Serowe
Musina
MOSAM
Polokwane
Mariental
Gaborone
LIMPOPO
Jwaneng
Lobatse
Mbombela
Maputo
Pretoria
Tsabong
Johannesburg
MPUMALANGA
Keetmanshoop
Mbabane
NORTH
WEST
GAUTENG
Klerksdorp
Siteki
ESWATINI
Welkom
SÜDAFRIKA
Upington
KWAZULU
NATAL
Kimberley
FREE
STATE
Richards Bay
Springbok
Prieska
Bloemfontein
Maseru
Pietermaritzburg
LESOTHO
Durban
NORTHERN
CAPE
Calvinia
EASTERN
CAPE
Mthatha
Atlantischer
Ozean
Beaufort
West
Graaff
Reinet
Bhisho
Vredenburg
East London
Makhanda
WESTERN
CAPE
Port Elizabeth
Kapstadt
George
Jeffreys Bay
Indischer
Ozean
Gansbaai
Bredasdorp
Südatlantischer
Ozean

Kapstadt

Die älteste Stadt Südafrikas ist mit ihrer leichten Lebensart ein Touristenmagnet. Keine Südafrikareise ohne den Blick vom Tafelberg, einen Besuch der Victoria & Alfred Waterfront am alten Hafen oder der Bars in der Long Street, ohne Ausflüge zum Kap der Guten Hoffnung oder zur früheren Gefängnisinsel Robben Island. Doch hat Kapstadt viele teils stille, teils schrille Winkel, die einen Besuch nicht minder lohnen.

Kapstadt, Blick über Bo Kaap auf den Signal Hill

Kapstadt

1. MOCAA: Kunst im Silo
2. Kultviertel Woodstock
3. Muslime am Kap: das Stadtviertel Bo Kaap
4. Jüdisches Museum
5. Groote Schuur: das Herz Kapstadts
6. Townshiptouren etwas anders
7. Constantia: wo der Weinbau begann

Table Bay
Milnerton
N7
R27
WESTERN CAPE
Durbanville
N1
Kraaifontein
Boston
Goodwood
Sea Point
Camps Bay
Gardens
Pinelands
Observatory
Kapstadt
Internationaler Flughafen Kapstadt
R300
M12
Claremont
Gugulethu
N2
Tafelberg Nationalpark
Wynberg
M7
Philippi East
Hout Bay
Plumstead
Constantia
Lotus River
Khayelitsha
M3
Mitchells Plain
Tokai
Retreat
Tafelsig
M5
Strandfontein
R310
Muizenberg
Atlantischer Ozean
False Bay
Tafelberg Nationalpark
Kap der Guten Hoffnung
1
2
3
4
5
6
7

1. MOCAA: KUNST IM SILO

Die Architektur ist sensationell. Im Herbst 2017 eröffnete in einem alten Getreidesilo an der Waterfront des Kapstädter Hafens das Zeitz Museum of Contemporary Art Africa, kurz MOCAA. Die langen Schlangen vor den Kassen kurz nach der Eröffnung sind Vergangenheit. Doch das größte Museum für zeitgenössische Kunst in Afrika ist stets einen Besuch wert.

Die Idee war verwegen und die Realisierung zog sich hin. In die Betonmauern eines alten Getreidespeichers im Kapstädter Hafengelände sollte ein Museum für zeitgenössische Kunst einziehen. Denn die lebensbejahende Atmosphäre Kapstadts zog seit jeher Künstler an, verstärkt seit der politischen Wende in den 1990er-Jahren. Von Europa und Nordamerika nahezu unbemerkt, hat sich in Südafrika eine lebendige Kunstszene entwickelt. Nur fehlte lange Zeit der passende Rahmen, der Welt die Werke spektakulär und repräsentativ vor Augen zu führen.

Silo, Museum und Luxushotel

So traf es sich gut, dass Jochen Zeitz, der als Vorstandsvorsitzender in den Jahren 1993 bis 2011 den Sportschuhhersteller Puma zu Weltruf geführt hatte, einen Ort für seine Sammlung afrikanischer Kunst suchte. An der Waterfront in Kapstadt fand er die passende Immobilie. Zeitz stellte dem neuen Museum seine Sammlung als Leihgabe für 20 Jahre zur Verfügung. Im Jahr 2017 konnte das Museum endlich öffnen.

Der Entwurf des Gebäudes stammt aus dem Architekturstudio des britischen Designers Thomas Heatherwick. Die Betonröhren des alten Silos, 27 Meter hoch, wurden aufgeschnitten und teilweise entfernt. Die Wände der verbleibenden mussten verstärkt werden, um die Last des Bauwerkes tragen zu können. Das auf diese Weise entstandene Atrium wird durch blasenförmige Fenster von oben beleuchtet. Über rundum laufende Verbindungsflure sind die einzelnen Ausstellungsräume in den früheren Getreidesilos zugänglich.

Atrium des Zeitz MOCAA

Das MOCAA ist als Ort einer lebendigen Auseinandersetzung mit aktueller Kunst aus Afrika gedacht. Stets werden mehrere Ausstellungen parallel präsentiert. Die permanente Sammlung des Museums tritt dabei in den Hintergrund, wird zeitweise auch völlig aus den Sälen entfernt.

Auch wenn alle Künstler, deren Werke gezeigt werden, aus Afrika stammen oder zumindest einen afrikanischen Hintergrund haben, so ist die präsentierte Kunst nicht afrikanisch in einem folkloristischen Sinn. Fetische und Masken aus Westafrika, Shona-Skulpturen aus Simbabwe oder Kunstwerke, die eine afrikanische Spiritualität ausdrücken, wird man hier vergeblich suchen. Die präsentierte Kunst steht im Kontext der globalen Szene zeitgenössischer Kunst.

Julien Sinzogan, Choc de culture

Und dennoch sind viele Werke, seien es nun Bilder, Fotografien, Skulpturen, Installationen

William Kentridge, Videoinstallation

oder Videos, genuin afrikanisch. Politische Themen sind in vielerlei Gestalt präsent. Manchmal platt und plakativ, oft aber auch sehr eindringlich, werden politische und gesellschaftliche Entwicklungen in Südafrika, Simbabwe und anderen Ländern mit künstlerischen Mitteln kommentiert.

Ein Besuch im MOCAA ist immer eine Entdeckungsreise. Kein Besucher aus Europa besucht das Museum, um bestimmte Werke zu sehen, von denen er schon gehört hat. Die Namen der Künstler sind dem Betrachter in der Regel unbekannt. So sollte man sich nach Lust und Laune durch die Säle treiben lassen, innehalten, sich in einzelne Werke versenken oder auch einmal eine Video-

Marlene Steyn, Comfort her – come for her

präsentation mit Musik auf sich wirken lassen. Und dabei die Welt außerhalb der dicken Mauern des Silos einmal vergessen. So kann zeitgenössische Kunst auf bestechende Weise neue Perspektiven eröffnen und inspirieren.

INFO

Lage: Das MOCAA befindet sich im Silo District auf dem Gelände der Victoria & Alfred Waterfront in Kapstadt,

Anschrift: South Arm Road, Waterfront, Cape Town, 8001, Tel. +27 87 350 4777

Hinweis: Für alle, die während eines längeren Aufenthaltes das Museum mehr als einmal besuchen möchten, empfiehlt sich ein Jahresticket (Membership), das sich bereits beim zweiten Besuch bezahlt macht.

Tipp für Freunde zeitgenössischer Kunst: 2018 eröffnete auf dem historischen Steenberg Estate in den südlichen Vororten das Museum der Norval Foundation, ein imposanter Bau mit Skulpturengarten. Präsentiert werden wechselnde Ausstellungen vorwiegend südafrikanischer Künstler, teilweise in Zusammenarbeit mit dem MOCAA.

- Norval Foundation: 4 Steenberg Road, Tokai, Cape Town, 7945, Tel. +27 87 654 5900, *norvalfoundation.org*

Bars mit Aussicht:

- Auf das MOCAA im alten Getreidespeicher wurden noch fünf Etagen gesetzt, in denen sich das luxuriöse Silo Hotel mit 28 Zimmern befindet. Die Bar mit Dachterrasse ist eine der angesagtesten Adressen Kapstadts. Nur mit Reservierung zugänglich; Silo Square, Victoria & Alfred Waterfront, Cape Town, 8001, Tel. +27 21 670 0511, *dining@thesilohotel.com, theroyalportfolio.com/the-silo/overview/*
- Kaum weniger hip die Rooftop Bar des benachbarten Radisson Red Hotels; No. 6 Silo, Silo Square, Victoria & Alfred Waterfront, Cape Town, 8001, Tel. +27 87 086 1578; *radissonhotels.com*

Website: *zeitzmocaa.museum*

2. KULTVIERTEL WOODSTOCK

Einst ein prosperierender Fabrikvorort, dann im Zuge des Strukturwandels heruntergekommen, ist Woodstock heute Kapstadts trendigstes Stadtviertel. In den Cafés, Bars und Restaurants, in den Boutiquen und Künstlerateliers, die sich in den verfallenden Fabrikgebäuden niedergelassen haben, begegnet man einer bunten Szene.

Angeblich waren es ja die Filmstudios, die Woodstock neu entdeckten. In Kapstadt hat sich seit den 1990er-Jahren eine lebendige Filmindustrie etabliert. Viele Fernsehproduktionen, Musikvideos und Werbefilme wurden und werden hier produziert. Dank niedriger(er) Löhne, qualifizierten Personals und des meist beständigen Wetters herrschen hier auch für Produktionsfirmen aus Europa und Nordamerika trotz der weiten Anreise attraktive Bedingungen.

Auf der Suche nach erschwinglichen Hallen, in denen sie Studios einrichten konnten, stießen die Produktionsteams auf die verfallende Vorstadt. Die Fabriken, die Woodstock einst geprägt hatten,

Lasst Mauern sprechen!

Szenebars schießen aus dem Boden.

standen leer. Sie waren schnell restauriert. Auch Künstler und Galerien fanden in den leerstehenden Gewerbebauten preisgünstige Ateliers und Ladenräume. Designer ließen sich nieder und Sprayer fanden Wände für ihre Graffitis. Heute gilt Woodstock als das kreative Herz Kapstadts.

Mittelpunkt und zentrale Achse von Woodstock sind die Newmarket Street und die Albert Road. Neben mancherlei obskuren Läden, die von den langen Jahre des Verfalls gezeichnet sind, finden sich hier viele Szenebars und -cafés. Manche davon verschwinden genauso schnell wieder, wie sie geöffnet werden. Der Beweis, dass Woodstock ein höchst lebendiger Stadtteil ist! Wovon die alteingesessenen Bewohner im Übrigen nicht immer begeistert sind. Gentrifizierung, das heißt der Anstieg von Boden- und Mietpreisen, ist auch in Kapstadt ein Thema!

Alles ist möglich.

Sprayer fanden nach der Jahrtausendwende an den Wänden der verfallenden Häuser Gefallen und begannen, ihre Graffitis aufzusprühen. Eine höchst lebendige Street-Art-Szene entfaltet sich zwischen der Albert Road und der Victoria Road. Die Künstler kommen aus Kapstadt und Umgebung, aber auch aus anderen Teilen Südafrikas und der ganzen Welt. Werke von Größen der Szene sind genauso zu finden wie die von völlig unbekannten Künstlern. Die Stile sind so bunt wie die Motive: Die Geschichte Südafrikas und der Kampf für mehr Gerechtigkeit inspirieren die Künstler ebenso wie die Zerstörung der Natur und ein so uraltes Thema wie die Liebe. Der Bummel durch die ärmlichen Nebenstraßen von Woodstock wird – geführt oder auf eigene Faust – zum farbenfrohen Fest für die Sinne.

Der bekannteste Platz von Woodstock ist die Old Biscuit Mill. Jeden Samstag findet hier der Neighbourgoods Market statt – weniger ein Markt für Hausfrauen und Hobbyköche als ein Treffpunkt der Kapstädter Szene. Und inzwischen auch für viele Besucher Kap-

Old Biscuit Mill

stadts eine Attraktion! Man sollte sich Zeit nehmen, an den Ständen vorbei zu bummeln, sich inmitten des bunten Volks an den langen Tischen niederzulassen, Wein und Streetfood vom Feinsten zu genießen und beschwingt und in netter Gesellschaft ins Wochenende zu starten!

INFO

Lage: Woodstock liegt etwa drei Kilometer westlich des Stadtzentrums von Kapstadt. Die meisten Murals befinden sich in den Häuserblöcken zwischen Victoria Road und Albert Road, begrenzt durch die Querstraßen Barron Street und Essex Street. Auch der benachbarte Stadtteil Salt River wird immer mehr zu einem Hotspot der Straßenkunst.

Aktivitäten:

- Baz Art: Organisation zur Förderung der Street-Art in Kapstadt, die auch Führungen durch Woodstock und Salt River zu Fuß oder mit dem Fahrrad organisiert; Voranmeldung erforderlich; Salt Circle Arcade, 374 Albert Road, Woodstock, Cape Town, 7915, Tel. +27 72 877 4415, *baz-art.co.za*
- Juma Art Tours: Street-Art-Touren und Führungen durch Woodstock, Dauer ca. 1,5 bis zwei Stunden; 66 Albert Road, Woodstock, Cape Town, 7925, Tel. +27 73 4004 064, Whatsapp +27 81 511 6639, *jumaarttours.co.za*
- Stardust: Dinner mit Show; 118 Sir Lowry Road, Foreshore, Cape Town, 8001, Tel. +27 21 462 7777, *stardustcapetown.com*

Shopping-Zentren mit Restaurants und Designerläden:

- The Old Biscuit Mill: 375 Albert Road, Woodstock, Cape Town, 7915, Tel. +27 21 447 8194, *theoldbiscuitmill.co.za*
- Neighbourgoods Market: 373 Albert Road, Woodstock, Cape Town, 7915 *neighbourgoodsmarket.co.za.*
  Der Markt findet jeden samstags und sonntags von 9 bis 16 Uhr statt.
- Woodstock Exchange: 66-68 Albert Road, Woodstock, Cape Town, 7925, Tel. +27 21 486 5999, *woodstockexchange.co.za*

3. MUSLIME AM KAP: DAS STADTVIERTEL BO-KAAP

Von der Buitengracht Street, einer vielbefahrenen Verkehrsachse am Rande der Innenstadt, ziehen sich schmale kopfsteingepflasterte Gassen zum Signal Hill hinauf – gesäumt von niedrigen bunten Häusern. Kapstadt wirkt hier wie ein beschauliches Dorf. Wir sind in Bo-Kaap, dem sogenannten Malaienviertel der Metropole.

Schon wenige Jahre nach der Errichtung der Niederlassung am Kap brachte die Niederländisch-Ostindische Kompanie Sklaven und politische Dissidenten islamischen Glaubens aus den holländischen Kolonien in Ostasien nach Südafrika. Um 1800 zählte man in Kapstadt mehr muslimische als europäische Bewohner. Und obwohl unter ihnen auch viele Abkömmlinge von Sklaven waren, die aus Ostafrika und Madagaskar stammten, setzte sich die Bezeichnung Cape Malay – Kapmalaien – für die Bevölkerungsgruppe durch.

Jan de Waal, Ahnherr einer heute weit verzweigten südafrikanischen Familie, baute in den 1760er-Jahren auf seiner Farm unterhalb des heutigen Signal Hill Mietshäuser für die Familien seiner Sklaven.

Blick über Bo Kaap zum Lions Head

Bo Kaap Museum

In einem dieser Häuser, 71 Wale Street, befindet sich heute das Bo-Kaap Museum. Es ist das älteste Haus in Kapstadt, das im Originalzustand erhalten ist. Schon bald entstand ein ganzes Stadtviertel, das von Muslimen bewohnt wurde. Vor allem nach der Aufhebung der Sklaverei in den 1830er-Jahren wuchs die Bevölkerung stark an.

Auwal Moschee

Im Jahr 1794, zehn Jahre bevor die Briten in ihrer Kolonie die Religionsfreiheit gewährten, wurde in der Dorpstraat der Grundstein für die Auwal-Moschee gelegt. In ihren Mauern wird auch die älteste Koranhandschrift Südafrikas aufbewahrt, die der Imam Tuan Guru, 1767 als politischer Gefangener nach Robben Island gebracht, aus dem Gedächtnis aufschrieb. Die Holländer hatten es den Menschen, die nach Südafrika verschifft wurden, verboten, den Koran in ihr Exil mitzunehmen.

Eine authentische Begegnung mit der Lebensart der Kapmalaien ist ein Kochkurs, zuweilen auch als Cooking Safari angeboten. Den Teilnehmern wird gezeigt, wie man Samosas faltet, die traditionellen Gewürze behandelt oder einen Curry zubereitet – und wer mag, kann gerne mitmachen. Unterhaltsam ist es immer, denn die Köchinnen sind stolz auf ihre Gerichte. Viele haben inzwischen

Samosas

auch in die südafrikanische Alltagsküche Eingang gefunden. Bobotie, ein süß gewürzter Hackfleischauflauf, gilt als Nationalgericht.

Bo-Kaap ist für seine bunten Häuser bekannt. Bei einem Rundgang durch die stillen Gassen präsentieren sich zahllose Fotomotive. Das war nicht immer so. Bis 1991 die Apartheid fiel, mussten die Häuser weiß gekalkt werden. Erst dann begannen die Hausbesitzer um die Fassade mit der grellsten Farbe zu wetteifern. Pink, Knallblau, Kanariengelb – je auffälliger, desto besser! Doch die Idylle trügt. Dank der Nähe zur Innenstadt droht auch Bo-Kaap die Gentrifizierung. Apartmentblocks und Hotels schießen am Rande des Traditionsviertels aus dem Boden und die Preise steigen. Ob der Denkmalschutz, der erst seit 2019 für das gesamte Viertel gilt, der Teuerung Einhalt gebieten kann?

Schon in den 1960er-Jahren wurde der nördliche Teil von Bo-Kaap zum „weißen" Wohngebiet erklärt, die Bewohner zwangsweise in Townships umgesiedelt. Das „neue" Viertel bekam den Namen „De Waterkant". Viele Häuser wurden restauriert, ein schickes Wohngebiet mit dörflichem Charakter entstand. Hier sind nicht die Häuser bunt, sondern das gesamte Viertel: Die Waterkant ist Kristallisationspunkt der Kapstädter Gay- und Lesbenszene: mit Bars, Gästehäusern, Clubs, Restaurants, Szeneläden, Antiquitätengeschäften – tagsüber ein trendiges Viertel, nachts voller Leben.

Wer hat das schönste Haus?

INFO

Lage: Bo-Kaap liegt im Nordwesten des Kapstädter Central Business District jenseits der Straße Buitengracht. Das Viertel De Waterkant ist durch die Strand Street abgetrennt.

Aktivitäten:

- Bo-Kaap Museum: 71 Wale Street, Schootsche Kloof, Cape Town, 8001, Tel. +27 21 481 3938, *iziko.org.za/museums/bo-kaap-museum*
- Auwal Masjid: Besichtigung nach Voranmeldung möglich; 43 Dorp Street, Cape Town, 8001, Tel. +27 82 5517324, *E-Mail info@auwalmasjid.co.za, auwalmasjid.co.za*

Kochkurse:

- The Bo-Kaap Cooking Tour by Zanie Misbach: Rundgang durch Bo-Kaap mit Kochworkshop und Lunch; 46 Rose Street, Bo-Kaap, Cape Town, 8001; Tel. +27 74 130 8124, *bokaapcookingtour.co.za*
- Andulela: Rundgang mit Kochvorführung und Lunch; Tel. +27 21 790 2592, *andulela.com*
- Kochvorführung mit Gamidah Jacobs: in der Lekka Kombuis, 81 Wale Street, Schootsche Kloof, Cape Town, 8001, Tel. +27 21 423 3849, *lekkakombuis.co.za*
- Kochbücher: Cariema Isaacs, Cooking for my father in my Cape Malay Kitchen, Penguin Random House, 2016. Als Klassiker gilt: Faldela Williams, The Cape Malay Cookbook, Struik 1998

Gewürzladen:

- Atlas Trading Company: 104 Wale Street, Schootsche Kloof, Cape Town, 8001, Tel. +27 21 423 4361, *atlastradingcompany.co.za*

Bars und Restaurants:

- Bo Kaap Kombuis: kapmalaisches Restaurant mit tollem Blick auf den Tafelberg; 7 August Street, Schootsche Kloof, Cape Town 8001, Tel. +27 21 422 5446, *bokaapkombuis.co.za*
- Cafe Manhattan: Kultbar; 74 Waterkant Street, De Waterkant, Cape Town 8051, Tel. +27 21 421 6666, *manhattan.co.za*

Website: *capetown.travel/getting-to-know-the-bo-kaap/*

4. Jüdisches Museum

Nelson Mandela persönlich eröffnete im Jahr 2000 im Kapstädter Museumsviertel das Jüdische Museum. Damit würdigte er eine Gruppe der Bevölkerung, deren Anteil am Aufbau des modernen Südafrikas deutlich größer ist, als es ihre zahlenmäßige Stärke besagt.

Das South African Jewish Museum befindet sich in der Innenstadt am Rande der Company's Gardens. Die Synagoge aus dem Jahr 1863 wurde in das Museum integriert. Über eine Zugbrücke, Symbol für die Schiffe, mit denen die Juden nach Südafrika einwanderten, betritt der Besucher die modernen Ausstellungsräume. Zu sehen sind – neben wechselnden Ausstellungen mit jüdischem Kontext – sakrale Gegenstände von nicht unbeträchtlichem Wert. Vor allem aber gibt das Museum einen Einblick in die Geschichte der jüdischen Gemeinde in Südafrika.

Jüdische Kaufleute spielten bei der wirtschaftlichen Erschließung des Landes eine gewichtige Rolle. Das Handelshaus Mosenthal erschloss, von Kapstadt und Port Elizabeth aus operierend, im 19. Jahrhundert die Weltmärkte für Merinowolle und Mohair und bot damit zahllosen Farmern in der Karoo überhaupt erst eine Existenzgrundlage. Später kontrollierten jüdische Familien den Handel mit Straußenfedern, der sein Zentrum in Oudtshoorn in der Kleinen Karoo hatte.

Weltweit war der Handel mit Edelsteinen und Diamanten eine traditionelle Domäne jüdischer Familien. So überrascht es kaum, dass jüdische Kaufleute im 1870 einsetzenden Boom um die Diamantenfunde bei Kimberley eine prominente Rolle spielten. Es kostete den Magnaten und Politiker Cecil Rhodes große Mühe und viel Geld, seinen Gegenspieler Barney Barnato erst zu bekämpfen, dann in die neu entstehende Weltfirma „De Beers" einzubinden. Seit 1926 wurde sie für viele Jahrzehnte von der Familie Oppenheimer kontrolliert, die ebenfalls jüdische Wurzeln hat. Auch im Goldbergbau um Johannesburg waren um 1900 unter den schwerreichen „Randlords" zahlreiche jüdische Familien zu finden, dar-

Alte Synagoge, heute Museum

unter die aus Hamburg stammenden Kaufmannsfamilien Lippert und Beit.

An den Bevölkerungszahlen allein gemessen, spielte die jüdische Einwanderung bis 1880 kaum eine Rolle. Erst dann setzte ein großer Zustrom vor allem aus Litauen ein. Bis zu 15.000 Familien versuchten in den nächsten 50 Jahren, ihr Glück im aufstrebenden Südafrika zu finden. Das Kapstädter Museum präsentiert ein eindrucksvolles Diorama eines osteuropäischen „Shtetls", um die ärmlichen Verhältnisse zu illustrieren, denen die Einwanderer zu entkommen suchten.

Wirtschaftlich sind Juden erfolgreich, politisch und gesellschaftlich waren sie nicht immer gut gelitten. Vor allem in den 1930er- und 1940er-Jahren verbreiteten sich unter den zur Macht strebenden burischen Nationalisten starke antisemitische Strömungen. Später haben sich die Regierungen der Nationalen Partei für frühere antijüdische Aktionen entschuldigt. Doch blieb die jüdische Gemeinde gegenüber der Apartheid stets reserviert. Im Umfeld des ANC Nelson Mandelas der früheren 1960er-Jahre befanden sich eine Reihe jüdischer Aktivisten, darunter der 2020 verstorbene Dennis

Im Jüdischen Museum

Goldberg, der mit ihm 1964 im Rivonia-Prozess die Anklagebank teilte. Und die auch über die Grenzen Südafrikas hinaus bekannte liberale Politikerin Helen Suzman war lange Zeit im Parlament die einzige Stimme gegen die Politik der Apartheid.

Schtetl in Litauen

Nicht nur etliche der reichsten Familien Südafrikas, auch viele bekannte Künstler haben jüdische Wurzeln. Irma Stern, eine Freundin Max Pechsteins, brachte in der ersten Hälfte des 20. Jahrhunderts den Expressionismus ans Kap. Auch der aktuell bekannteste zeitgenössische Künstler Südafrikas, William Kentridge, entstammt einer litauisch-jüdischen Familie. Der Einfluss der heute etwa 70.000 jüdischen Bürger in Südafrika in Wirtschaft und Gesellschaft kann nicht unterschätzt werden. Ein Beitrag zur Gegenwart Südafrikas, der sich im jüdischen Museum in eindrucksvoller Weise manifestiert.

INFO

Lage: Das Jüdische Museum liegt im Herzen Kapstadts am Rande der Company's Gardens.

88 Hatfield Street, Gardens, Cape Town, 8001, Tel. +27 21 465 1546

Holocaust-Zentrum: Im gleichen Gebäudekomplex befindet sich das Cape Town Holocaust & Genocide Centre, das über die Shoah informiert; Tel. +27 21 462 5553, *ctholocaust.co.za*

Restaurant: Im Museumskomplex befindet sich das Café Riteve, das Frühstück und leichte Mittagessen, natürlich koscher, serviert. Tel. +27 21 465 1594, *www.caferiteve.co.za*

Website: *sajewishmuseum.co.za*

5. Groote Schuur: das Herz Kapstadts

Am 3. Dezember 1967 ging eine Nachricht um die Welt. Erstmals war es gelungen, in einer vielstündigen Operation ein menschliches Herz zu transplantieren. Und diese Meldung kam nicht aus den USA, seinerzeit Powerhouse des medizinischen Fortschritts. Sie kam aus Kapstadt.

Der Herzchirurg Christiaan Barnard hatte im Krankenhaus Groote Schuur erfolgreich das Herz der 25-jährigen Denise Darvall dem 54-jährigen Louis Washkansky eingepflanzt. Darvall erlitt bei einem Verkehrsunfall in Salt River, wenige Kilometer von der Klinik entfernt, tödliche Kopfverletzungen. Washkansky litt an einer unheilbaren Herzkrankheit – eine Transplantation bot ihm, obwohl noch nie zuvor durchgeführt, den einzigen Hoffnungsschimmer. Die Operation gelang, Washkansky kam wieder zu Kräften, erlag aber aber 18 Tage später einer Lungenentzündung.

Barnard ließ sich nicht entmutigen, sondern versuchte den Eingriff einen Monat später, am 2. Januar 1968, erneut. Dieses Mal überlebt

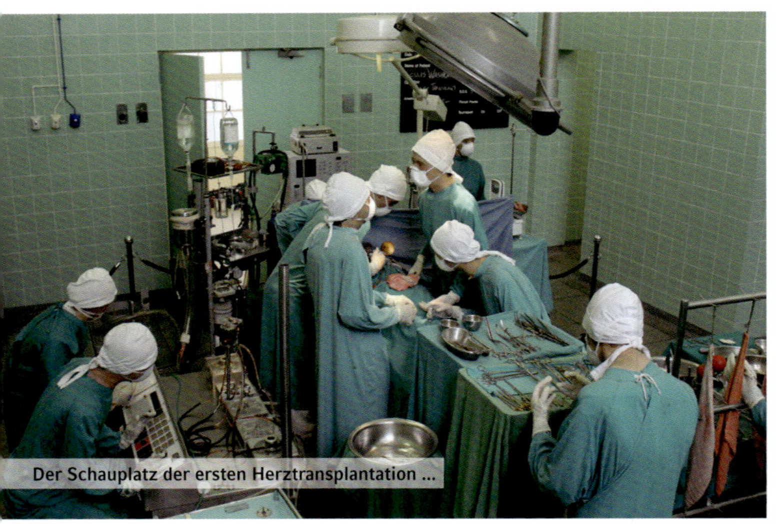

Der Schauplatz der ersten Herztransplantation ...

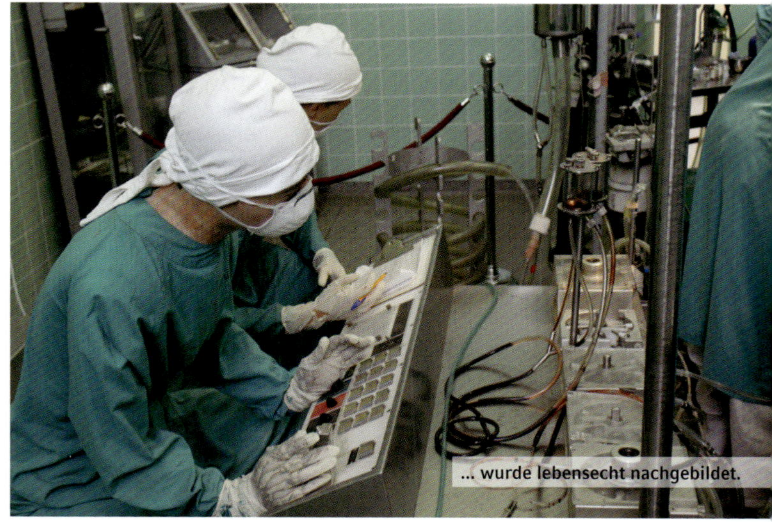
... wurde lebensecht nachgebildet.

der Patient, der Zahnarzt Philip Blaiberg, die Operation um eineinhalb Jahre. Ein Damm war gebrochen – die Herzchirurgie nahm nach dieser Pionierleistung einen enormen Aufschwung. Herzverpflanzungen gehören heute zur chirurgischen Routine.

Die Operationssäle im Krankenhaus Groote Schuur, in denen Barnard die wegweisenden Operationen durchführte, können heute im Original besichtigt werden. Die Stadt Kapstadt richtete hier das Museum „The Heart of Cape Town" ein. In einer nahezu lebensechten Rekonstruktion wird in den beiden „Theatres", wie Operationssäle auf Englisch heißen, der spektakuläre Eingriff präsentiert. Außerdem sieht man leicht angestaubte Nachbildungen des Zimmers der Herzspenderin Denise Darvall und des Arbeitszimmers Professor Barnards.

Dazu hängen in den Räumen viele Schautafeln, die die enorme Leistung Barnards überhaupt erst deutlich werden lassen. In den 1960er-Jahren gab es einen Wettlauf der besten Chirurgen der USA um die erste Herzverpflanzung. Kapstadt war kein schillerndes Zentrum dieser medizinischen Disziplin. Nur sein Mut und Pioniergeist

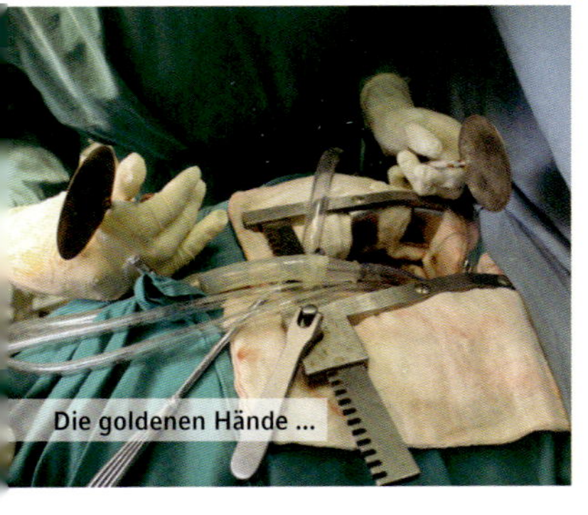
Die goldenen Hände ...

ließen Barnard diesen epochalen Schritt gehen.

Der Erfolg war Christiaan Barnard nicht in die Wiege gelegt. 1922 in Beaufort West, einem entlegenen Ort in der Karoo, als Sohn eines Predigers geboren, studierte er Ende der 1940er-Jahre Medizin. 1956 erhielt er ein Stipendium für die Universität Minneapolis, damals eine der führenden medizinischen Hochschulen Nordamerikas. In den USA konnten sich seine Talente entfalten. Barnard fand Mentoren und Förderer, die ihm 1958 eine Herz-Lungen-Maschine stifteten, sodass er fortan in Kapstadt Operationen am offenen Herzen durchführen konnte. Er entwickelte seine operative Technik zielstrebig weiter, ging Mitte der 1960er-Jahre für immunologische Studien ein weiteres Mal in die USA, um die Abwehrreaktion des Körpers gegen fremde Organe in den Griff zu bekommen.

Barnard war fortan einer der angesehensten und einflussreichsten Chirurgen der Welt. Mit der Einführung des „anonymen Organ-

... von Professor Christiaan Barnard

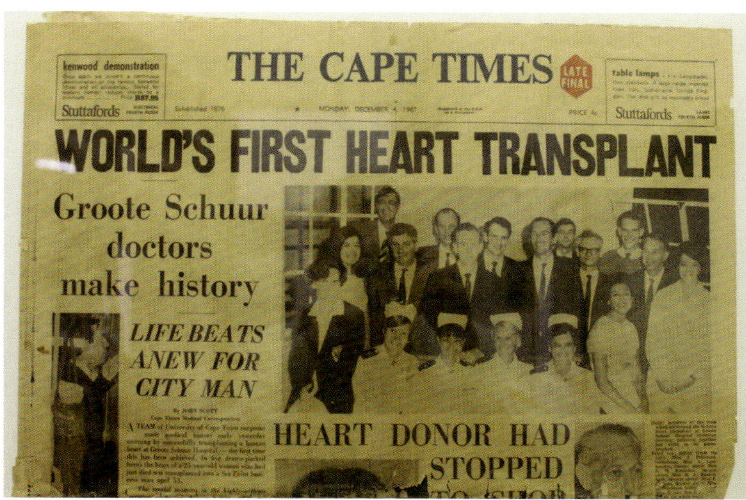

kenwood demonstration

Stuttafords

THE CAPE TIMES

LATE FINAL

table lamps

Stuttafords

WORLD'S FIRST HEART TRANSPLANT

Groote Schuur doctors make history

LIFE BEATS ANEW FOR CITY MAN

HEART DONOR HAD STOPPED

spenders" versuchte er, die Beschränkungen der Apartheid zu überwinden. 1983 musste er wegen einer Arthritis das Skalpell aus der Hand legen. Dennoch blieb er im Gespräch. Er hatte ein gewinnendes Wesen, war eloquent, charmant und ein Frauenschwarm. Seine Frauengeschichten boten stets Futter für die Boulevardpresse. Heute sind seine Konkurrenten um die erste gelungene Herzverpflanzung weitgehend vergessen. Professor Christiaan Barnard ist auch 20 Jahre nach seinem Tod im Jahre 2001 der – nach Nelson Mandela – berühmteste Südafrikaner.

INFO

Lage: Das Museum befindet sich Krankenhaus Groote Schuur, sechs Kilometer östlich vom Stadtzentrum.

Anschrift: Groote Schuur Hospital, Main Road, Observatory, Cape Town, 7935, Tel. +27 21 404 1967

Besichtigungen: Das Museum ist nur im Rahmen einer Führung zugänglich; ca. vier tägliche Führungen Montag bis Freitag

Website: *heartofcapetown.co.za*

6. TOWNSHIPTOUREN ETWAS ANDERS

Der erste Eindruck von Kapstadt, den der Flugreisende nach Verlassen des Flughafens bekommt, ist nicht sehr einladend. Kilometerlang säumen Bretterbuden und vernachlässigte Einfachhäuser die Autobahn, die in die glamouröse Innenstadt führt. Denn der Flughafen liegt mitten in den Cape Flats, dort wo die meisten der Einwohner des Großraums Kapstadt leben.

Bis 1950 waren die Cape Flats nahezu unbewohnt. Die sandige Ebene zwischen Tafelbucht und False Bay trennt Kapstadt von den Städten im Hinterland, den heutigen Winelands. Erst als die Apartheidsregierungen der 1950er-Jahre mit dem Group Area Act die verschiedenen Bevölkerungsgruppen trennen und in eigenen Wohnvierteln unterbringen wollten, entstanden in dem unwirtlichen Akaziendickicht die ersten Townships. Seither nahmen die Cape Flats eine rasante Entwicklung, deren Dynamik bis heute anhält.

Langa als älteste Township, zwölf Kilometer vom Zentrum entfernt, wurde schon 1927 als Wohngebiet für Schwarze ausgewiesen, lange bevor das System der Apartheid Staatsdoktrin wurde. In den 1950er-Jahren wurden dann weitere Townships in schneller Folge aus dem Boden gestampft: Nyanga und Gugulethu für die Schwarzen, Manenberg und Mitchells Plain für die „Coloured".

Mittelklasseviertel in Langa

Wellblechhütten im Township

Viele der Bewohner wurden zwangsweise aus ihren angestammten Wohnvierteln in Kapstadt ausgesiedelt, noch mehr wanderten von außerhalb auf der Suche nach Arbeit zu. Khayelitsha, die jüngste und heute größte Township, wurde offiziell erst 1983 gegründet. Ihr Ursprung als wilde Ansiedlung mittelloser Zuwanderer vorwiegend aus den Xhosa-Gebieten der Transkei ist bis heute sichtbar. Das Bild ist geprägt von improvisierten Bretterbunden und Hütten, in deren Gewirr sich der Ortsunkundige mit Gewissheit verliert.

Nach der politischen Wende Anfang der 1990er-Jahre hat sich die Siedlungsstruktur in Südafrika nicht nennenswert geändert. Denn das soziale Gefälle zwischen Weiß und Schwarz blieb bestehen, ebenso die kulturelle Distanz. Neue Zuwanderer ziehen dorthin, wo man ihre Sprache spricht, wo Verwandte und Bekannte schon wohnen, und das sind eben die Townships. Und wer den sozialen Aufstieg geschafft hat, zieht in eines der besseren Viertel seiner Township. Die Behörden mühen sich, die Lebensverhältnisse zu verbessern. Hütten weichen neuen Häusern, Strom-, Wasser- und Abwasserleitungen werden verlegt. Doch stets wuchern am Rande neue Hüttensiedlungen und Slums. Die Landflucht in Südafrika hält an! Die Realität der Townships ist nach wie vor durch Arbeitslosigkeit, Kriminalität und mannigfaltige soziale Probleme geprägt.

Über die Frage, ob man während einer Südafrikareise ein Township besuchen soll oder nicht, lässt sich diskutieren. Denn Townships und Elendsviertel sind für sich selbst keine touristische Attraktion. Viele Besucher wollen sich ihren Urlaub nicht durch die Begegnung mit Armut und Elend beeinträchtigen lassen. Und schließlich empfinden auch manche Bewohner der Townships Besuchergruppen,

Hüttensiedlungen prägen das Bild.

die durch die Wohnviertel wandern, als unangenehm. Jeder muss und soll entscheiden, ob er eine Tour in ein Township mitmachen will oder nicht!

Doch wer als Reisender ein halbwegs zutreffendes Bild von Südafrika erhalten möchte, kann seine Augen nicht vor der Realität und der prekären Situation in den Townships verschließen. Viele kleine Reisebüros bieten Townshiptouren an. Denn ohne Führung sollte sich niemand in die Townships begeben, aus Sicherheitsgründen und um die Orientierung nicht zu verlieren. Nicht alle Guides gehen dabei sensibel vor, nicht immer geben sie zutreffende Informationen und nicht immer respektieren sie die Würde der Bewohner. Sinnvoll ist es, nach einem Anbieter zu suchen, der sich seiner sozialen Verantwortung bewusst ist.

Empfehlenswert sind die Touren von Uthando, einer Non-Profit-Organisation, die zahllose Projekte in den Townships, vor allem in Khayelitsha, fördert und unterstützt: Tanzschulen für Jugendliche ebenso wie die Anlage von Gemüsegärten, Lehrwerkstätten ebenso wie Fußballclubs. Projekte, die die Lebensverhältnisse verbessern und das Selbstbewusstsein der Menschen heben sollen. Bei den Rundfahrten durch die Cape Flats werden den Besuchern drei oder vier dieser Projekte vorgestellt. Die Teilnehmer bekommen Informationen über die südafrikanische Geschichte und das Vermächtnis der Apartheid. Sie erhalten einen Einblick in die alltäglichen Lebensverhältnisse – nicht ohne Perspektiven der Hoffnung für Auswege aus dem Teufelskreis von Arbeitslosigkeit und Not!

INFO

Lage: Die Townships von Kapstadt liegen im Osten und Südosten von Kapstadt und sind über die N2 erreichbar. Von individuellen Touren wird Ortsunkundigen aus Sicherheitsgründen abgeraten, vor allem während der Dunkelheit.

Organisierte Touren: Zahlreiche Veranstalter bieten Township-Touren an, meistens auf Langa beschränkt, das am nächsten liegt und auch ein kleines Kultur- und Besucherzentrum mit Souvenirshops besitzt.

- Uthando South Africa: bietet Touren an, in deren Mittelpunkt verschiedene Sozialprojekte stehen; Tel. +27 21 683 8523, *uthandosa.org*
- Side by Side Experiences: Rundgänge, Tanz- und Musikkurse in Langa; Tel. +27 72 214 5091, *sidebysideexp.weebly.com*
- 18 Gangster Museum: originelles Museum in Khayelitsha, das die Jugendkultur der Township präsentiert und mit verschiedenen Townshiptouren auch einen Blick hinter die Kulissen erlaubt; 23 Sec Dullah Omar Street, Mandela Park, Khayelitsha, Cape Town, 7784, Tel. +27 73 707 3639, *18gm.co.za*

Restaurants:

- Lelapa Restaurant: das Restaurant von Sheila and Monica Mahloane besteht bereits seit 1999 und ist eine Institution; 49 Harlem Avenue, Langa, Cape Town, 7456, Tel. +27 21 694 2681
- Milk Restaurant: 2022 wiedereröffnetes Kultrestaurant mit Dachterrasse mitten in Khayelitsha; 33 Zantsi Street, Village 1 North, Khayelitsha, Cape Town 7784, Tel. +27 81 414 8913

Viele Restaurants in den Cape Flats, darunter manche mit einem guten Namen, haben die Covid-Krise nicht überlebt. Zwei angesagte Adressen für afrikanische Küche finden sich am Kreuzfahrtteminal Makers Landing der Victoria & Alfred Waterfront:

- Pitso's Kitchen: Hotspot afrikanischer Lebensfreude mit großem Außenbereich; The Cruise Terminal, Victoria & Alfred Waterfront, Cape Town, 8001, Tel. +27 84 408 5459, *Instagram @pitsos_kitchenza*
- Emazulwini: Modern inspirierte Zuluküche der Küchenchefin Mmabatho Molefe; The Cruise Terminal, Victoria & Alfred Waterfront, Cape Town, 8001, Tel. +27 62 160 2347, *linktr.ee/emazulwini.restaurant*

7. Constantia: wo der Weinbau begann

Im Jahr 1683 erhielt Simon van der Stel, seit vier Jahren Kommandeur der Kapstädter Niederlassung der Niederländischen Ostindien-Kompanie, ein weitläufiges Stück Land im Südosten des Tafelbergs, um eine Farm zu errichten. Er nannte sie Constantia. Unter dem Namen Groot Constantia besteht das Weingut bis heute.

Weinberge von Constantia

Zu Beginn war Wein nur ein Produkt unter vielen. Die Aufgabe der Farmen im Umland war es, das 1652 gegründete Kapstadt mit frischem Fleisch, Obst und Gemüse zu beliefern und die Schiffe, die auf ihrem langen Weg zwischen Holland und Niederländisch-Ostindien in der Tafelbucht eine Zwischenstation einlegten, mit Proviant zu versorgen.

Auch Wein stand auf der Proviantliste für die Offiziere der Schiffe der Ostindien-Kompanie. Van der Stel hatte, bevor er seinen Posten im Süden Afrikas antrat, in Holland bereits Erfahrungen im Weinbau gesammelt. Doch besonders gut dürften die ersten in Südafrika gekelterten Tropfen nicht gewesen sein. So bemühte sich der Kommandeur um die Ansiedlung von Hugenotten am Kap, nicht zuletzt, um mehr Expertise für den Weinbau zu bekommen.

In der zweiten Hälfte des 18. Jahrhunderts begann die Kapkolonie für den Weltmarkt zu produzieren. Der Süßwein aus Constantia gewann Weltruhm. Friedrich der Große soll ihn getrunken haben. Von Napoleon ist überliefert, dass er während seines Exils auf St. Helena täglich eine Flasche zu sich genommen hat.

Die Farm Simon van der Stels wurde bald nach seinem Tod in mehrere Güter aufgeteilt, die Weingüter Klein Constantia und Buitenverwachting entstanden. Im 19. Jahrhundert stand der Weinbau in Südafrika wegen der weltweiten Reblausepidemie kurz vor seinem Ende. Erst in den 1980er-Jahren begann ein neuer Aufschwung, der dann nach dem Ende der Apartheid weitere Impulse bekam. Als im Jahr 2000 ein verheerendes Feuer die Hänge am Fuße der Straße zur Passhöhe Constantia Nek verwüstete, wurden auf den eingeäscherten Flächen Weinreben angepflanzt. Vier neue Weingüter entstanden, die heute zu den besten Südafrikas zählen.

Das Weingut Groot Constantia befindet sich heute in Staatsbesitz und produziert nach wie vor erstklassige Weine. Es besticht mit seinem alten kapholländischen Herrenhaus und seinen majestätischen Bäumen. Aber populärer als das historische Interieur sind die beiden Restaurants und Tasting Rooms.

Der Ort Constantia gilt heute als Refugium der Reichen und Schönen Kapstadts. Schattige Eichenalleen ziehen sich die Hügel hoch. Luxuriöse Villen in prachtvollen Parks und Gärten bestimmen das Bild – vor der Kulisse der Weinfelder und der felsigen Hänge des Tafelbergs.

Das war nicht immer so. Lange Zeit war das Tal von Constantia Siedlungsraum malaiischer Moslems. Hier lebten die Sklaven, die in den Weinbergen schufteten; hier befanden sich die Gärten, die Kapstadt mit frischem Obst und Gemüse versorgten. Als in den 1950er-Jahren im Rahmen der Rassegesetze Constantia zum „weißen" Gebiet erklärt wurde, mussten die Moslems ihre Anwesen aufgeben, um in andere Vorstädte umgesiedelt zu werden.

Die Spuren der malaiisch-islamischen Vergangenheit Constantias sind aber nach wie vor präsent. Das Grabmal des Scheichs Abdurahman

Matebe Shah befindet sich am Rande der Weinfelder des Weinguts Klein Constantia. Ein Kleinod ist die Grabstätte des Scheichs Sayed Mahmud, dessen Mausoleum sich in einer wunderbaren Gartenanlage befindet. Mit ihren Wasserbecken und Blumenrabatten erinnert sie an einen persischen Garten. Beide waren Würdenträger im hinterindischen Sultanat von Malakka und wurden im Jahr 1667 aus politischen Gründen von den Niederländern in die neue Kolonie am Kap verbannt. Hier wurden sie von den muslimischen Sklaven hochverehrt und nach ihrem Tode nach heimischer Sitte in einem „Kramat" bestattet. Bis heute sind ihre Grabstätten volkstümliche Wallfahrtsorte der islamischen Bevölkerung am Kap.

Mausoleum von Scheich Sayed Mahmud

INFO

Lage: Constantia liegt ca. 18 Kilometer südlich von Kapstadt.

Aktivitäten:

- Groot Constantia: Im Herrenhaus des Simon van der Stel im gleichnamigen Weingut können die historischen Räume besichtigt werden, auch in Verbindung mit einer Weinprobe; Groot Constantia Road, Constantia, Cape Town, 7806, Tel. +27 21 794 5128, *grootconstantia.co.za*
- Kramat von Scheich Abdurahman Matebe Shah: Klein Constantia Road, Constantia, Cape Town, 7806
- Kramat von Scheich Sayed Mahmud: Summit Way, Nova Constantia, Cape Town, 7806, Tel. +27 21 396 2896

Restaurants:
Constantia gilt als Mekka für Gourmets:

- La Colombe auf dem Weingut Silvermist: wurde wiederholt als bestes Restaurant Südafrikas ausgezeichnet, zuletzt von der Zeitschrift „Eat Out" im Jahr 2019; Main Road, Constantia Nek, Cape Town, 7806, Tel. +27 21 794 2390, *lacolombe.restaurant*
- Chefs Warehouse auf dem Weingut Beau Constantia: 1043 Constantia Main Road, Constantia Nek, Cape Town, 7806, Tel. +27 21 794 8632, *chefswarehouse.co.za/beau-constantia*
- Beyond auf dem Weingut Buitenverwachting: im November 2020 eröffnetes Restaurant des Starkochs Peter Tempelhoff; 37 Klein Constantia Road, Nova Constantia, Cape Town, 7806, Tel. +27 21 794 0306, *beyondrestaurant.co.za*
- Blanko im historischen Hotel Alphen: gut und preiswert; Alphen Drive, Constantia, Cape Town, 7806, Tel. +27 21 795 6313, *blanko.co.za*

Unterkünfte:

- The Cellars-Hohenort: nobles Hotel im Ortsteil Constantia Heights; 93 Brommersvlei Road, Constantia Heights, Cape Town, 7806, Tel. +27 21 794 2137, *thecellars-hohenorthotel.com*
- Steenberg Hotel: traditionsreich; auf dem gleichnamigen Weingut mit Golfplatz, Steenberg Road, Tokai, Cape Town, 7945, Tel. +27 21 713 2222, *steenbergfarm.com*
- Glen Avon Lodge: familiär, elegant und zugleich sehr umweltbewusst geführtes Boutique Hotel in einem Herrenhaus; 1 Strawberry Lane, Constantia, Cape Town, 7806, Tel. +27 21 794 1418, *glenavon.co.za*

Hinweis: Constantia Nek liegt an der Route der Roten Busse. Von dort tagsüber alle 20 Minuten Shuttlebusse zu den Weingütern Groot Constantia, Eagles Nest und Beau Constantia; *citysightseeing.co.za/en/cape-town*

Websites:

- *constantiawineroute.com*
- *constantiavalley.com*

Winelands

Weinfelder und schroffe Gebirgszüge bestimmen das Landschaftsbild im Hinterland von Kapstadt. Die Universitätsstadt Stellenbosch ist die zweitälteste Südafrikas und mit ihren alten Eichenalleen, historischen Häusern und Straßencafés ein attraktives Reiseziel. Doch auch die Umgebung lockt mit zahlreichen Attraktionen.

Sprachendenkmal in Paarl

WINELANDS

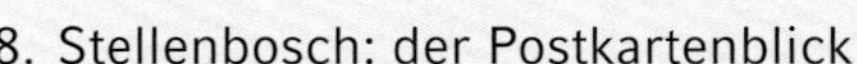

8. Stellenbosch: der Postkartenblick
9. Ein Kleinod: der Dylan Lewis Sculpture Garden
10. Reuben Ryffel und Margot Janse: Köche aus Franschhoek
11. Vergelegen: ein herrschaftliches Weingut
12. Die Gärten von Babylon: Babylonstoren
13. Paarl: ein Denkmal für eine Sprache
14. Tulbagh: ein Fake macht Furore

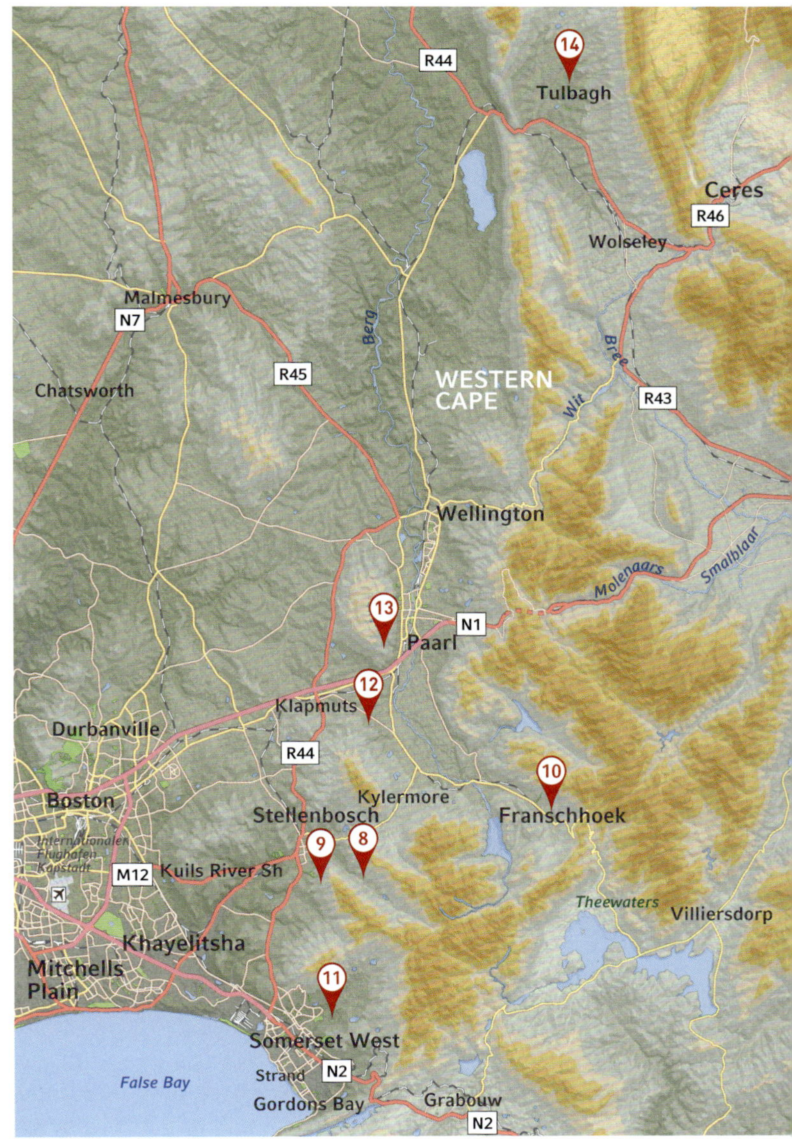
14
Tulbagh
R44
Ceres
R46
Wolseley
Malmesbury
N7
Berg
Bree
R45
WESTERN CAPE
Chatsworth
Wit
R43
Wellington
Molenaars
Smalblaar
13
N1
Paarl
12
Klapmuts
Durbanville
R44
10
Boston
Kylermore
Stellenbosch
Franschhoek
9
8
M12
Kuils River Sh
Theewaters
Villiersdorp
Khayelitsha
Mitchells Plain
11
Somerset West
Strand
N2
False Bay
Gordons Bay
Grabouw
N2

8. STELLENBOSCH: DER POSTKARTENBLICK

Weingüter gibt es viele rund um Stellenbosch. Aber keines besitzt eine ähnlich grandiose landschaftliche Kulisse wie das Weingut Stark-Condé. Nur wenige Kilometer vom Stadtzentrum entfernt im Jonkershoek-Tal gelegen, bietet das Postcard Café den idealen Ort für eine Weinprobe mit Stil.

Auf einer Insel im Stauteich, der als Wasserreservoir des Weinguts dient, sind einige Bänke im Freien und zwei Pavillons aufgestellt. Hier lassen sich hier die Weine des preisgekrönten Guts Stark-Condé in stilvollem Ambiente probieren. Wie auf einer Ansichtskarte präsentieren sich am Horizont die Jonkershoek-Berge. Und so erhielt dann auch das Restaurant am Ufer des kleinen Sees den Namen Postcard Café. Selten ist ein Name so treffend wie hier.

Der Postkartenblick

Das Weingut wurde in den 1990er-Jahren gegründet, zu einer Zeit, als der Weinbau in Südafrika einen großen Aufschwung nahm. Angebaut werden vor allem Rotweine, denn Stellenbosch ist wegen seines Klimas ein Rotweingebiet. Schwere Cabernet Sauvignons und Shiraz, zunehmend auch wieder Syrah genannt, sind die charakteristischen Sorten. Spritzige weiße Sauvignon Blancs und Chardonnays bevorzugen ein etwas kühleres Klima. Was nicht ausschließt, dass nicht auch die Weinmacher aus Stellenbosch gelegentlich vorzügliche Weißweine, oft Cuvées aus mehreren Sorten, anbieten. Stark-Condé ist da keine Ausnahme.

Das Post Card Café

Eine Weinprobe ist die beste Möglichkeit, die unterschiedlichen südafrikanischen Weine kennenzulernen. Viele Weingüter bieten heutzutage ein „Wine Tasting" an. Für einen geringen Betrag, meist zwischen 50 und 100 Rand, lassen sich vier bis sechs verschiedene Weine testen. Darunter sind durchaus auch Spitzenweine, denn die Weingüter wollen ja verkaufen und Billigweine sind schlecht fürs Renommee. Das Flair der sogenannten Tasting Rooms ist sehr unterschiedlich: Vom Lagerraum mit Verkaufstresen bis zu einem edlen, mit Designermöbeln und Kunstwerken ausstaffierten Salon gibt es alle Varianten. Die Insel im See vor dem Postcard Café von Stark-Condé ist ohne Zweifel einer der reizvollsten Plätze, um einen erstklassigen Wein zu probieren.

Weinfelder, soweit das Auge blickt

Leider bieten die wenigsten Weingüter die Möglichkeit, im Sommer am späten Nachmittag im Licht der tiefer stehenden Sonne ein oder auch mehrere Gläser Wein vor dem Abendessen zu genießen. Die meisten Tasting Rooms schließen um 17 Uhr, manche noch früher. Stark-Condé ist da keine Ausnahme. Und noch etwas: Weinromantik mit alten Kellern voller Spinnweben und uralter Holzfässer findet man in Südafrika kaum. Die „Cellars" sind meist fabrikähnliche Hallen, in denen Edelstahltanks das Bild bestimmen. Führungen durch Weinkeller sind schnell öde und wenig lustvolle Veranstaltungen für Technikfreaks bar jeglicher Romantik. Doch der Wein ist unschlagbar!

Weingut Dornier

INFO

Lage: Stellenbosch liegt 50 Kilometer östlich von Kapstadt, das Weingut Stark-Condé fünf Kilometer außerhalb der Stadt im Jonkershoek-Tal.

Aktivitäten:

- Postcard Café: Stark-Condé Wine Estate, Jonkershoek Road, Stellenbosch, 7600, Tel. :+27 21 861 7703, *stark-conde.co.za*

Auch andere Weingüter bieten stimmungsvolle Weinproben an, zum Beispiel

- Waterford Wine Estate: hier werden die Weinproben in einem wunderschönen Innenhof zelebriert;

Upper Blaauwklippen Road, Stellenbosch, 7600, Tel. +27 21 880 5300, *waterfordestate.co.za*

- Dornier Wine Estate: moderne Architektur vor imposanter Bergkulisse; Dornier Road, Upper Blaauwklippen Road, Stellenbosch, 7600, Tel. +27 21 880 0557, *dornier.co.za*
- Es bietet sich an, eine Weinprobe bei Stark-Condé mit einer Wanderung im angrenzenden Jonkershoek Nature Reserve zu verbinden. Mehrere Wege zwischen zwei und sechs Stunden sind markiert; *capenature.co.za/reserves/jonkershoek-nature-reserve*

Unterkünfte:

- Lanzerac: luxuriöses Hotel mit altem Herrenhaus und Spa auf dem gleichnamigen Weingut; 1 Lanzerac Road, Stellenbosch, 7600, Tel. +27 21 887 1132, *lanzerac.co.za*
- Oude Werf Hotel: mitten in der Stadt, existiert seit 1800, das älteste Hotel Südafrikas hat mittlerweile eine zeitgenössische Designer-Kur hinter sich; 30 Church Street, Stellenbosch, 7600, Tel. +27 21 887 4608, *oudewerf.co.za*
- Darüber hinaus gibt es in Stellenbosch und auf den Weingütern der Umgebung zahlreiche Boutique Hotels, Gästehäuser und Ferienwohnungen jeglicher Kategorie.

Restaurants: Viele Weingüter besitzen vorzügliche Restaurants. Reservierungen sind dringend anzuraten.

- Rust en Vrede: gehört schon lange zu den besten Gourmetrestaurants des Landes; Annandale Road, Stellenbosch, 7600, Tel. +27 21 881 3757, *rustenvrede.com*
- Dusk Restaurant: Mit großen Ambitionen angetreten ist im September 2022 das neue Fine-Dining-Restaurant im Herzen von Stellenbosch; 43 Plein Street, Stellenbosch, 7600, Tel. +27 21 023 4100, *duskrestaurant.co.za*

Websites:

- visitstellenbosch.org
- Restaurantkritiken und Tipps zu Weingütern: *eatout.co.za* oder im Blog *michaelolivier.co.za*

9. Ein Kleinod: der Dylan Lewis Sculpture Garden

Inmitten der Weinfelder von Stellenbosch hat der Bildhauer Dylan Lewis einen prachtvollen Landschaftspark geschaffen. Seine Skulpturen hat er wirkungsvoll in einem fantasievollen Fynbosgarten platziert. Die Kulisse bilden die grünen Reihen der Reben, hoch aufragende Felsen und das Spiel der Wolken.

Blick über den Garten zum Helderberg

Dylan Lewis wurde 1964 in eine Künstlerfamilie geboren. Seine Mutter war Malerin, sein Vater Bildhauer, bekannt für Vogelplastiken. Lewis führt seine Liebe zur Natur auf seinen Vater zurück. Er studierte Kunst, versuchte sich zunächst als Maler, jobbte in verschiedenen Naturreservaten, zeitweise auch als Tierpräparator. In den 1990er-Jahren wandte er sich dann zunehmend der Bildhauerei zu und richtete sich 1994 auf der Mulberry Farm bei Stellenbosch ein Atelier und eine Bronzegießerei ein.

In der ganzen Welt bekannt wurde der Künstler durch seine Skulpturen von Raubkatzen – von Löwen, Tigern, Leoparden. Seine Schöpfungen sind modern, aber nicht avantgardistisch. Sie fanden Anklang und ließen sich gut verkaufen. Nicht viele Bildhauer unserer Zeit haben es zu Einzelauktionen bei Christie's in London gebracht. Eine Versteigerung im Jahr 2009 war so erfolgreich, dass Lewis sich von dem Erlös sieben Hektar Farmland nahe seines Ateliers kaufen konnte. Ursprünglich war es seine Absicht, auf diesem Land einen Abenteuerspielplatz für seine Kinder zu schaffen. Doch fand er dem Vernehmen nach so viel Spaß daran, das Erdreich mit dem Bulldozer hin und her zu schieben, dass er auf den Gedanken kam, einen Landschaftspark anzulegen.

Transfigur XXII

Ein kleiner See und mehrere Teiche entstanden, durch Wasserläufe verbunden. Hügel wurden aufgeschüttet, bevor das Gelände von Landschaftsarchitekten und -gärtnern mit dekorativen Gewächsen bepflanzt wurde. Eingesetzt wurden ausschließlich Pflanzen aus dem Fynbos, die in dieser Region auch in freier Natur heimisch sind. Im Jahr 2016 schließlich wurde der Garten für die Öffentlichkeit zugänglich gemacht.

Nashorn

Für den Rundgang durch den Landschaftsgarten sollte sich der Besucher mindestens eineinhalb bis zwei Stunden Zeit nehmen. Er beginnt am ehemaligen Atelier Dylan Lewis', in dem heute die

Rezeption und eine Galerie untergebracht sind. Er führt über offene Rasenflächen und über schmale, durch das Buschwerk gebahnte Pfade, am großen See entlang, zu kleinen Teichen und Bachläufen, zu versteckten Ruhebänken im Schatten alter Bäume ebenso wie zu Aussichtspunkten, die einen weiten Blick über den Garten, die Weinfelder und die Berge gestatten. Und überall sind die Skulpturen des Meisters effektvoll platziert.

Seit 2010 wendet sich Dylan Lewis zunehmend menschlichen Motiven zu. Doch bleibt sein Thema stets die Auseinandersetzung des Menschen mit der Wildnis, mit seiner Umwelt. Im Garten ist die Natur gezähmt – in den stets sehr dynamischen und emotionalen Tierskulpturen, oft dramatisch platziert, wird das Wilde sichtbar. Doch die Wildnis ist keine heile Welt – immer wieder ist von den lebendigen Wesen nur ein Torso geblieben. Viele Tiere sind in der Bewegung eingefangen, dynamisch, auf dem Sprung, die Muskeln gespannt – die Anspannung überträgt sich auf den Betrachter. Und so wird der Spaziergang durch den Park zu einem emotionalen Erlebnis in einer fremden Welt, der Welt des Künstlers Dylan Lewis.

Leopard und Antilope

Ruhender Leopard

INFO

Lage: Der Skulpturengarten von Dylan Lewis liegt in den Weingärten oberhalb des Wohnviertels Paradyskloof in Stellenbosch.

Anschrift: Mulberry Farm, Paradyskloof Road, Stellenbosch, 7600, Tel. +27 21 880 0054

Aktivitäten:

- Für Liebhaber der Klassischen Moderne empfehlenswert ist auch ein Besuch des Rupert Museums, der 2019 nach Renovierung neu eröffneten Privatsammlung des Tabak-Tycoons Anthonij Rupert; interessant besonders die zahlreichen Werke der mit Max Pechstein befreundeten südafrikanischen Malerin Irma Stern; Stellentia Road, Stellenbosch, 7600, Tel. +27 21 888 3344, *rupertmuseum.org*

Restaurants: Am Rande des Skulpturengartens gibt es ein kleines Café.

Website: *dylanlewis.co.za*

Hinweis: Am besten zur Wirkung kommt der Garten im Winter, von Juli bis September, wenn sich die Blüte des Fynbos entfaltet.

10. Reuben Riffel und Margot Janse: Köche aus Franschhoek

Franschhoek, im Talschluss des Drakenstein Valley gelegen, wurde 1688 von Hugenotten aus Frankreich gegründet. Seit drei Jahrhunderten ist der Ort bekannt für vorzüglichen Wein, heute ist er auch einer der gastronomischen Hotspots des Landes.

Reuben Riffel hat es geschafft. 1974 in einfachen Verhältnissen in Groendal, der Township der „Coloureds" bei Franschhoek geboren, wuchs er in einfachen Verhältnissen auf. Nach mehreren beruflichen Startversuchen landete er in der Küche des Restaurants Monneaux und brachte es durch sein Talent und seine Kreativität zum Küchenchef, ohne dass er je eine formale Ausbildung absolviert hatte. 2004 konnte er einen Traum verwirklichen und sein eigenes Restaurant „Reuben's" im Herzen von Franschhoek eröffnen. Er avancierte zum Fernsehkoch und reist als Repräsentant der modernen südafrikanischen Küche zu Gourmetfestivals in aller Welt. Doch „Reuben's" bleibt die Basis seiner Unternehmungen und ist eine Institution.

Weinanbau

Solche Geschichten der Marke „Vom Tellerwäscher zum Sternekoch" sind alles andere als ungewöhnlich. Auch Margot Janse, lange Zeit als beste Köchin Südafrikas gerühmt, ist Autodidaktin. Die gebürtige Holländerin begann ihre gastronomische Karriere als Kellnerin in Harare, nachdem sie ihrem Freund, einem Journalisten, nach Afrika gefolgt war. Sie blieb in der Branche, kam 1995 nach Franschhoek und machte das Restaurant „The Tasting Room" im Boutique-Hotel Le Quartier Français zur Legende. Als erste Küchenchefin führte sie in Südafrika Degustationsmenüs ein, wie sie in Europas Gourmettempeln seit Längerem üblich sind.

Hugenottendenkmal

Die südafrikanische Gourmetküche erfreut sich eines exzellenten Rufs. Sie ist nicht allmählich auf der Grundlage einer südafrikanischen Nationalküche gewachsen, die es angesichts der großen kulturellen Unterschiede in der Regenbogennation auch kaum gibt. Sie ist nicht denkbar ohne den Schmelztiegel Kapstadt, dessen unverwechselbare Atmosphäre seit der politischen Wende in Südafrika Außenseiter und Lebenskünstler aus aller Welt in ihren Bann zieht. So entwickelte sich, oft vorangetrieben von Autodidakten voller Enthusiasmus und beflügelt von zugewanderten europäischen Köchen, eine fantasievolle Gourmetküche ganz eigenen Charakters, die leichter und spielerischer ist als französische Haute Cuisine und unverwechselbare südafrikanische Züge hat.

Wirtschaftlich bewegt sich die südafrikanische Gourmetszene indes auf dünnem Eis. Während europäische und amerikanische „Foodies" von den dank günstiger Umrechnungskurse traumhaft niedrigen Preisen schwärmen, sind die Spitzenrestaurants für die südafrikanische Mittelschicht schlicht und einfach zu teuer. Restaurants kommen und gehen, und manches Edelrestaurant schließt schon wieder, kaum dass sich sein Ruf herumgesprochen hat. Spitzenküche ist eine artifizielle Welt, die wenig mit der südafrikanischen Realität zu tun hat. So zog sich Margot Janse 2017, noch nicht einmal 50 Jahre alt, zurück, um sich fortan um bessere Nahrungsmittel für unzureichend und falsch ernährte Kinder zu kümmern.

Wine Tram

Ihr „Tasting Room" hat mit „La Petite Colombe" einen würdigen Nachfolger bekommen. Gute und erstklassige Restaurants gibt es in Franschhoek zur Genüge, sowohl teure als auch preislich gemäßigte. Und auch viele der weltbekannten Weingüter unterhalten vorzügliche Restaurants. Wer auf das Auto verzichten möchte, der kann eine Tour mit der Wine Tram buchen, die nach einem festgelegten Fahrplan auf mehreren Routen von Weingut zu Weingut fährt und den Passagieren genügend Zeit für mehrere Weinproben und auch ein gutes Mittagessen lässt. Hungrig und durstig geht in Franschhoek kein Besucher zu Bett! Nüchtern auch nicht!

INFO

Lage: Franschhoek liegt etwa 80 Kilometer östlich von Kapstadt.

Aktivitäten:

- Wine Tram: Eine historisch anmutende Straßenbahn und Busse bringen die Besucher auf mehreren Routen nach festgelegtem Fahrplan von Weingut zu Weingut. Abfahrt am Franschhoek Terminal Ecke Main Road/ Cabriere Street. Wegen des großen Andrangs ist eine Vorbuchung über die Webseite dringend ratsam. Tel. +27 21 300 0338, *www.winetram.co.za.*

- Huguenot Memorial Museum: Das Hugenottendenkmal aus dem Jahr 1948 am Ortsrand erinnert an die Besiedlung des Tals durch französische Siedler im 17. Jahrhundert. Das Hugenottenmuseum ist nur wenige Meter entfernt. Der ältere Teil ist eine altmodische Schau von Memorabilien südafrikanischer Familien französischen Ursprungs, der neuere Teil im rekonstruierten Saasveld-Palast aus Kapstadt zeigt auf Schautafeln die Geschichte der Hugenotten; Lambrechts Street, Franschhoek 7690, Tel. +27 21 876 2532, *museum.co.za*
- Mont Rochelle Nature Reserve: Wer nach einem guten Essen etwas Bewegung braucht, der muss nicht weit fahren. Auf dem Weg zum Franschhoekpass sind mehrere Wanderwege mit wunderbaren Panoramablicken über das Franschhoek-Tal ausgeschildert; Permit erforderlich; *montrochellehiking.co.za*

Unterkünfte: Franschhoek und seine Umgebung hat mehr als 150 Boutique Hotels und Gästehäuser für jeden Geldbeutel.

Restaurants:

- Reuben's: im klassischen Franschhoek-Stil; 2 Daniel Hugo Street, Franschhoek, 7690,Tel. +27 21 876 3772, *reubens.co.za*
- La Petite Colombe: exquisites Restaurant im Luxus Boutique Hotel Leeu Estates; Dassenberg Road, Franschhoek, 7690, Tel. +27 21 202 3395, *lapetitecolombe.restaurant*
- Darüberhinaus besitzt Franschhoek im Ort und in den umliegenden Weingütern weit mehr als 50 Restaurants, von denen viele einen guten Namen haben.

Website: *franschhoek.org.za*

11. VERGELEGEN: EIN HERRSCHAFTLICHES WEINGUT

Am Rande der Villensiedlung Somerset West liegt am Fuße des Helderbergs ein prachtvolles Weingut, das bereits im Jahr 1700 gegründet wurde. Vorzüglich restauriert ist es heute mit seinem alten Herrenhaus, den prachtvollen Park- und Gartenanlagen und seinen Restaurants einen Besuch wert.

Herrenhaus aus der Zeit um 1700

Drei Tage brauchte im Jahr 1700 ein Ochsengefährt für die 50 Kilometer von Kapstadt zur Farm von Willem Adriaan van der Stel. Sie war „vergelegen" – auf Deutsch weit weg! Als Gouverneur der Kolonie der Holländisch-Ostindischen Gesellschaft hatte er 3000 Hektar am Fuße des Helderbergs zugesprochen bekommen. Mit großem Ehrgeiz machte er sich daran, das Anwesen zu entwickeln. Er baute ein Herrenhaus von ansehnlicher Größe, eine Mühle und Bewässerungsgräben, pflanzte Eichen und Kampferbäume, legte Weinfelder und Obstgärten an und hielt er nicht weniger als 1000 Rinder und 1800 Schafe!

Der Aufbau des Gutes war noch nicht abgeschlossen, da wurden Korruptionsvorwürfe gegen van der Stel laut. 1706 wurde er nach Amsterdam zitiert, um ihm den Prozess zu machen. Südafrika sah er nie wieder. Vergelegen wurde versteigert und mehrere Farmen wurden abgetrennt. In den folgenden Jahrhunderten wechselte das Gut häufig den Besitzer.

1987 wurde das inzwischen vernachlässigte Anwesen vom weltweit agierenden Minenkonzern Anglo American gekauft, dessen Ursprünge im Goldbergbau um Johannesburg lagen. Vergelegen sollte ein repräsentatives Aushängeschild für Südafrika werden. Es wurde viel Geld in die Hand genommen: Das Herrenhaus und die Gartenanlagen wurden restauriert, Weinfelder wurden neu angelegt, eine Kellerei neu gebaut. Ziel war es, Vergelegen wieder zu einem der führenden Weingüter Südafrikas aufsteigen zu lassen.

Das Ergebnis kann sich sehen lassen. Noch bevor Vergelegen der Öffentlichkeit zugänglich gemacht wurde, stellte Anglo American 1990 das Gutshaus Nelson Mandela und dem ANC zu Beratungen fernab der Augen der Öffentlichkeit zur Verfügung. Später war Königin Elizabeth II hier zu Gast, ebenso wie zahlreiche andere Mitglieder des britischen Königshauses sowie Bill und Hillary Clinton.

300 Jahre alte Kampferbäume

Stilvoll und elegant ist das Ambiente des Weinguts, das heute der Allgemeinheit zugänglich ist. Im Mittelpunkt steht das kapholländische Herrenhaus, das auf van der Stel zurückgeht, jedoch im Laufe seines Bestehens immer wieder umgestaltet wurde. Davor stehen noch die gewaltigen Kampferbäume, die vom Gouverneur selbst gepflanzt worden sind. Umrahmt wird das Herrenhaus von weitläufigen Gartenanlagen: einem französischen Barockgarten, einem englisch anmutenden Landschaftspark und einem Rosengarten. Sehenswert ist auch die Bibliothek, die Anfang des 20. Jahrhunderts im alten Weinkeller eingerichtet worden ist.

Die Weine, von Weinkritikern hoch gelobt, können im zeitgenössisch gestalteten Tasting Room probiert werden oder auch auf der Terrasse davor mit Blick auf den blühenden Park. Das Gourmetrestaurant Camphors ist eine der ersten Adressen am Kap. Besonders beliebt sind im Sommer die Picknicks im Kampferwald: verführerische kleine Gerichte zum Wein im Freien. Niemand muss dabei auf einer Wolldecke sitzen und Teller und Weingläser auf den Knien balancieren. Die Tische inmitten der uralten Bäume sind bereits weiß eingedeckt. Hochherrschaftlich und mit Stil – wie alles in Vergelegen!

Terrasse und Tasting Room

INFO

Lage: Somerset West liegt etwa 50 Kilometer östlich von Kapstadt. Das Weingut Vergelegen befindet sich am östlichen Ortsrand.

Anschrift: Vergelegen Estate, Lourensford Road, Somerset West, 7130, Tel. +27 21 847 2100

Aktivitäten:

- Vergelegen bietet täglich thematische Führungen durch Gärten und Historische Gebäude, Weingärten und -keller an, außerdem Rundfahrten durch das angeschlossene Naturreservat, in dem seit 2022 neben anderen Antilopen auch eine Quagga-Herde lebt; Voranmeldung erforderlich.
- Helderberg Nature Reserve: Tipp zum Wandern. Ein Ausflug zum Vergelegen Estate lässt sich leicht verbinden mit einer Wanderung im nahen Helderberg-Naturreservat. Verschiedene Wege zwischen 45 Minuten und acht Stunden Dauer sind markiert; Tel. +27 21 851 4060, *helderbergnaturereserve.co.za*

Unterkünfte:

- Erinvale Estate Hotel & Spa: stilvoll; wenige Meter neben der Zufahrt zu Vergelegen, 1 Erinvale Avenue, Somerset West, 7130, Tel. +27 21 847 1160, *erinvale.co.za*
- In Somerset West befinden sich außerdem viele Gästehäuser, Bed and Breakfasts, Ferienhäuser und -wohnungen

Restaurants: Auf dem Gelände des Weinguts befinden sich zwei Restaurants

- Café Fleur: elegant, französische Küche; Tel. +27 21 847 2111
- Stables Bistro: zwanglos und eher ein Ausflugslokal; Tel. +27 21 847 2156
- Picknick mit weißen Tischdecken; unter der Rufnummer +27 21 847 2131 oder über die Website können Tische reserviert werden, *picnic@vergelegen.co.za*

Website: *vergelegen.co.za*

12. DIE GÄRTEN VON BABYLON: BABYLONSTOREN

Als eine der ersten Farmen im Umkreis von Kapstadt wurde Babylonstoren im Jahr 1692 gegründet. Der Felsen, der über dem Anwesen aufragt, erinnerte den frommen Gründer an die biblische Erzählung über den Turm von Babel. Heute ist Babylonstoren wegen seiner einzigartigen Gartenanlage ein beliebtes Ausflugsziel.

Die ältesten Gebäude der heutigen Farm stammen aus dem 18. Jahrhundert. Jedoch ist Babylonstoren kein historisches Denkmal im engeren Sinne. In den geschmackvoll restaurierten Gemäuern, behutsam ergänzt durch moderne Neubauten, finden sich heute Hotelzimmer, ein Spa, verschiedene Boutiquen, eine Weinkellerei mit Tasting Room und ein erstklassiges Restaurant.

Hauptattraktion sind die Gärten, die zwischen 2007 und 2010 angelegt wurden, nachdem der Medienmogul Koos Bekker und seine

Frau Karen Roos, Herausgeberin einer Design-Zeitschrift, das darniederliegende Anwesen gekauft hatten. Ihnen schwebte ein Garten nach dem Vorbild der Company's Gardens in Kapstadt vor. Mit den Planungen beauftragten sie den französischen Landschafts- und Gartenarchitekten Patrice Taravella.

Die Company's Gardens wurden von Jan van Riebeeck, dem Gründer von Kapstadt, schon kurz nach seiner Ankunft 1652 angelegt. Ihr Zweck war es, Obst und Gemüse anzubauen, um die Schiffe, die auf ihrer langen Reise zwischen Holland und Ostindien in der Tafelbucht einen Zwischenstopp einlegten, mit frischem Proviant zu versorgen. Ähnlich wie in Kapstadt schuf Taravella in Babylonstoren einen barocken Nutzgarten. Dass dabei französisches Stilgefühl dem Architekten den Zeichenstift führte, ist unübersehbar. Unterhalb des historischen Gutshauses aus dem Jahr 1777 gelegen, folgt die 3,5 Hektar große Gartenanlage einer strengen Geometrie. Die einzelnen Beete und Bereiche sind quadratisch oder rechteckig gruppiert, sorgsam eingefasst von Hecken und Baumreihen.

Die Gärten von Babylonstoren

Bewässert wird die Anlage durch ein ausgeklügeltes System von Kanälen und Rückhaltebecken, welches sich die natürliche Schwerkraft zunutze macht. Die Natur ist gezähmt, dem ästhetischen Willen des Künstlers unterworfen.

Ein Spaziergang durch den Garten ist eine Entdeckungsreise. Mehr als 300 verschiedene Gewächse aus allen Teilen der Welt sind angepflanzt, die alle essbar sind oder einen medizinischen Nutzen haben. Fünf Sorten Auberginen, elf verschiedene Feigenarten und acht unterschiedliche Olivenarten werden geerntet, aber auch Maulbeeren, Baumtomaten, Quitten, Kakifrüchte bis hin zu ordinärem Grünkohl, der als „kale" in fitness- und gesundheitsbewussten Kreisen zur Modedroge avanciert ist, finden sich hier. Zahlreiche Gärtner kümmern sich, dass die Anlage stets in gutem Zustand ist. Am spektakulärsten präsentieren sich die Gärten im Frühjahr und Frühsommer: Die Blüte beginnt im August, im September blühen die Klivien, im November die Rosen, und im Dezember werden Pflaumen und Beeren reif.

Auf den Teller kommen all diese Gartenfrüchte im vielfach preisgekrönten Restaurant Babel. Es pflegt eine besondere Küche mit frugaler Note und folgt einem „Aus-dem-Garten-auf-den-Teller"-Konzept. Die Salate werden nach Farben zusammengestellt, Vegetarier finden hier viele fantasievolle Kompositionen, auch wenn Babel nicht als vegetarisches Restaurant geführt wird. Was nicht im Garten wächst, wird auf der angeschlossenen Farm angebaut. Unter anderem auch der Wein. Babylonstoren versucht mit großem Auf-

Moderne Gästezimmer in historischem Gewand

wand, Anschluss an die südafrikanische Spitze zu finden. Wer sich für moderne Weinbautechnik interessiert, kann auch die Kellerei besuchen und im lebhaften Tasting Room eine Weinprobe machen. Nur – Weinkellereien gibt es in der Gegend viele. Der Garten von Babylonstoren aber ist einzigartig.

INFO

Lage: Die Farm Babylonstoren liegt mitten in den Vinelands etwa 50 Kilometer östlich von Kapstadt bei Klapmuts;
Anschrift: Simondium Road, Simondium, 7670, Tel. +27 21 863 3852

Aktivitäten:

- Gartentour: Empfehlenswert ist eine eineinhalbstündige Führung durch die Gärten, Voranmeldung über die Webseite erforderlich.

Unterkünfte: Zur Farm gehört auch ein Hotelbetrieb mit 28 luxuriösen Zimmern in Bungalows und historischen Gebäuden; Tel. +27 21 863 3852

Restaurants: Auf dem Gelände des Weinguts befinden sich mehrere Restaurants

- Babel: ambitioniert, zwanglose Atmosphäre; Tel. +27 21 863 3852
- Greenhouse Restaurant: im Stil eines Ausflugsrestaurants, keine Reservierung möglich
- Babylonstoren veranstaltet auch verschiedene kulinarische Events in der ‚bakery', darunter italienische Abende und mittwochs einen „Carnivore Evening" für Steakliebhaber

Hinweise:

- Babylonstoren liegt an einer Route der Franschhoek Wine Tram.
- Auf Babylonstoren entstand ein besonderes Kochbuch, das nicht nur zahlreiche verblüffende Rezepte bereithält, sondern auch das Konzept von Garten und Küche vorstellt: Maranda Engelbrecht, Babel, vor Ort auch in deutscher Sprache erhältlich

Website: *babylonstoren.com*

13. Ein Denkmal für eine Sprache: das Afrikaanse Taal Monument in Paarl

Hoch über den Weinfeldern bei Paarl ragen, von Weitem sichtbar, mehrere futuristisch anmutende Betonsäulen in den Himmel. Sie gehören zum Taal Monument, das an die Ursprünge der Sprache Afrikaans erinnert. Sie ist eine der elf Amtssprachen Südafrikas und die Muttersprache der meisten Menschen in der Provinz Western Cape.

Erste Siedler siedelten sich seit 1687 im Tal des Bergflusses unterhalb eines markanten Granitbuckels an. Dieser Felsen schimmerte, von Tau befeuchtet, in der Morgensonne wie eine Perle, und so erhielt der entstehende Ort den Namen Paarl.

Die Sprache der Siedler war Holländisch, doch waren die Niederlande ziemlich weit weg. Das Kapholländische entwickelte sich in den folgenden zwei Jahrhunderten in der entlegenen Kolonie zu einer eigenen Sprache. Es ist grammatisch deutlich einfacher strukturiert als das Niederländische und hat verschiedene Einsprengsel aus afrikanischen und malaiischen Sprachen. 1875 gründete sich in Paarl die „Genootskap van Regte Afrikaners“ zur Pflege der Sprache. Ein Jahr später erschien die erste Zeitung in Afrikaans. Niederländisch wurde längst nicht mehr gesprochen.

Seit 1806 war die Kapprovinz englische Kolonie und das Englische avancierte zur offiziellen Amtssprache. Mit ihrer Sprache Afrikaans grenzten sich die Buren gegenüber der Kolonialverwaltung und den zugewanderten Briten ab. Dabei sprachen nicht nur weiße Siedler Afrikaans, auch ihre früheren, aus Südasien und Ostafrika stammenden Sklaven und Domestiken und die Khoi nahmen die neue Sprache an. Heute bezeichnen etwa 13,5 Prozent aller Südafrikaner Afrikaans als ihre Muttersprache, dazu kommen noch einmal ebenso viele, die sie fließend sprechen. Afrikaans ist längst keine „weiße“ Sprache mehr. In der Provinz Western Cape ist es das vorherrschende Idiom, auf nationaler Ebene eine der elf Amtssprachen.

Afrikaans war zur Zeit der Apartheid zwischen den 1940er- und 1990er-Jahren die Alltagsprache der burisch-nationalistischen Regierungen. Als es 1976 zur verbindlichen Sprache für den Schulunterricht werden sollte, brach in Soweto, der riesigen Township bei Johannesburg, ein Volksaufstand aus. Das war der Beginn vom Ende des Apartheidsregimes. Leider verlor ein großer Teil der schwarzen Bevölkerung in den Auseinandersetzungen auch das Interesse an einer guten Schulbildung. Ein Defizit, das bis heute die Entwicklung der Wirtschaft hemmt und eine der Ursachen für die hohe Arbeitslosigkeit im Lande ist.

Das Afrikaanse Taal Monument

Zum Jubiläum der Gründung der Genootskap wurde 1975 in Paarl ein Sprachendenkmal errichtet. Die moderne Gedenkstätte ist ein Entwurf des Architekten Jan van Wyk, der sich auf Werke der afrikaanssprachigen Schriftsteller C.J. Langenhoven und N.P. van Wyk Louw stützte. Im Mittelpunkt stehen zwei hyperbolische Bögen aus Beton, die sich wie zwei Segel in den Himmel strecken. Sie sollen in einer organisch aus der Landschaft herauswachsenden Form die Verbindung zwischen einem magischen Afrika und dem aufgeklärten Westen symbolisieren. Das Monument ist letztlich Ausdruck der Zukunftsvisionen der Apartheidsregierungen in ihrer Hochphase – vom Lauf der Geschichte überholt, aber nach wie vor beeindruckend als Anstoß zum Nachdenken über das Zusammenleben der Völker.

Die Stadt Paarl selbst ist keine Schönheit, auch wenn der Besucher hin und wieder ansehnliche alte Gebäude findet. Bis heute ist es eine Schulstadt. Viele Eltern der Mittel- und Oberschicht, die Wert

In Beton gegossene Visionen

auf eine afrikaanssprachige Schulbildung legen, schicken ihre Kinder auf eines der Internate in Paarl. Gleichzeitig ist Paarl Sitz der KWV, der größten Weinbaugenossenschaft Südafrikas, und dazu Mittel- und Ausgangspunkt der Paarl Wine Route, an der zahlreiche renommierte Weingüter liegen.

INFO

Lage: Paarl liegt etwa 60 Kilometer nordöstlich von Kapstadt, gut über die Autobahn N1 zu erreichen. Das Sprachendenkmal liegt weithin sichtbar vor der Einfahrt zur Stadt.
Anschrift: Gabbema Doordrift Street, Paarl Mountain, Paarl, 7646, Tel. +27 21 863 0543

Aktivitäten:

- Paarl Mountain Nature Reserve: Verschiedene Wanderwege rund um den Paarl Rock. Zufahrt über den Jan Philips Mountain Drive, Wanderkarten am Eingang oder im Laden des Taal Monument. Weitere Informationen auf der Webseite der Gemeindeverwaltung: *drakenstein.gov.za*

Unterkünfte:

- Grande Roche Hotel: Luxus pur in den Weinbergen oberhalb der Stadt, mit Gourmetrestaurant und Spa; 1 Plantasie Street, Paarl, 7646, Tel. +27 21 863 5100, *granderoche.com*
- In Paarl und den Weingütern der Umgebung zahlreiche Boutique Hotels, Gästehäuser und Ferienwohnungen.

Weingüter:

- Die Gebäude der Weinbaugenossenschaft KWV beeindrucken allein durch die schiere Größe der Produktionsanlagen; Weinprobe möglich; KWV Emporium, Kohler Street, Southern Paarl, Paarl, 7646, Tel. +27 21 807 3007, *kwv.co.za*
- Informationen zu den Weingütern der Paarl Wine Route über die Webseite des Tourismusamts *paarlonline.com/paarl-wine-route*

Website: *taalmuseum.co.za*

14. TULBAGH: EIN FAKE MACHT FURORE

Tulbagh ist eine der ältesten Städte der Kapprovinz. Die Church Street gilt als schönstes Ensemble der kapholländischen Architektur in Südafrika. Aber Tulbagh ist auch ein lebendes Beispiel dafür, wie Architektur und Geschichte in den Dienst einer politischen Ideologie gestellt wurden.

Saronsberg, ein Weingut mit Stil

Tulbagh wurde schon im Jahr 1699 gegründet und ist die viertälteste Stadt Südafrikas. Im fruchtbaren Tal am Fuße des Witzenberg-Gebirges boten sich gute Bedingungen, Farmen für die Versorgung Kapstadts anzulegen. Gleichzeitig galt Tulbagh als Vorposten der Kapkolonie zur Bekämpfung der San und der Khoi, der indigenen Bewohner dieser Landstriche – ein wenig rühmliches Kapitel der südafrikanischen Geschichte.

Die alte Kirche aus dem Jahr 1743 gehört zu den ältesten erhaltenen Gebäuden des Landes. Sie bildet mit dem umliegenden Kirchhof ein romantisches Ensemble, beherbergt aber schon seit vielen Jahrzehnten ein Heimatmuseum mit allerlei Memorabilien aus alter Zeit. Im 19. und 20. Jahrhundert verlor die Kleinstadt an Bedeutung und fiel in eine Art Dämmerschlaf.

Die alte Kirche in Tulbagh ...

Im Jahr 1969 zerstörte ein Erdbeben große Teile von Tulbagh. Erdbeben sind in Südafrika selten, kommen aber vor. In den maßgeblichen Gremien wurde lange darüber diskutiert, wie die Stadt wieder aufgebaut werden sollte. Viele Häuser waren ursprünglich um 1800 errichtet worden. Doch aus der Entstehungszeit stammten nur noch einige wenige Mauern. Denn in der Zwischenzeit waren die Räume verändert, Strom- und Wasserleitungen eingebaut, Reetdächer durch Wellblech ersetzt, Ziergiebel beseitigt und Veranden angebaut worden.

Doch die Apartheitsregierungen, in den 1970er-Jahren bereits international geächtet, versuchten, ihre Herrschaft historisch zu legitimieren. Holländische und afrikaanse Tradition wurde ins Scheinwerferlicht gestellt. Und so wurde beschlossen, die Häuser der Church

... ist heute ein Museum.

Street im kapholländischen Stil wiederaufzubauen. Dieser Stil ist unverwechselbar. Die Fassaden der bescheidenen, aber gleichzeitig repräsentativen Wohnhäuser sind stets achsensymmetrisch gestaltet, weiß getüncht und mit Reet gedeckt. Über dem Eingang prangt ein Ziergiebel, der holländischen Vorbildern nachempfunden wurde. Die Giebel an den Schmalseiten der Häuser bleiben untergeordnet.

In Tulbagh wirken diese Häuser ausgesprochen pittoresk. Der Eindruck wird verstärkt durch die Blumengärten, die vor den Häusern gepflanzt wurden. Ein kleines Museum informiert über den Wiederaufbau des Ortes nach dem Erdbeben. Zum UNESCO-Weltkulturerbe sind die alten Häuser nicht geeignet. Denn eigentlich sind sie ein Fake.

Doch das Fake macht Furore. Heute ist Tulbagh ein beliebtes Ausflugsziel der Kapstädter geworden. Die Fahrt ist nicht allzu weit,

Kapholländische Häuser an der Church Street

die Lage der Stadt vor einer Bergkulisse ist instagramtauglich, und die Church Street und die angrenzenden Gassen laden zum romantischen Spaziergang ein. Tourismus ist heute einer der wichtigsten Wirtschaftszweige im Ort. Auch die Umgebung bietet mittlerweile viel Abwechslung. Einige der Weingüter an der Tulbagh-Weinroute zählen inzwischen zur südafrikanischen Spitze. Auch Oliven werden im fruchtbaren Tal angebaut.

INFO

Lage: Tulbagh liegt 120 Kilometer nordöstlich von Kapstadt.

Aktivitäten:

- Tulbagh Museum: informiert in einer Ausstellung über das Erdbeben 1969 und den Wiederaufbau, die Eintrittskarten berechtigen auch zum Besuch der alten Kirche und einiger weiterer Häuser; 4 Church Street, Tulbagh, 6820, Tel. +27 23 230 1041, *tulbaghmuseum.co.za*

Unterkünfte:

- Cape Dutch Quarters: romantische, aber auch etwas verstaubte Zimmer in historischen Häusern, kein Restaurant; 33 Van der Stel Street, Tulbagh, 6820, Tel. +27 79 051 2059, *cdq.co.za*
- Tulbagh Boutique Heritage Hotel: traditionell, mit Dependance in historischen Häusern und dem Restaurant Olive Terrace; 22 Van der Stel Street, Tulbagh, 6820, Tel. +27 23 230 0071, *tulbaghhotel.co.za*
- Rijks Wine Estate and Hotel: auf einem Weingut, mit Restaurant; Van der Stel Street, off Winterhoek Road, Tulbagh, 6820, Tel. +27 23 230 1622, *rijks.co.za*

Wein und Oliven:

- Saronsberg: Weingut der Spitzenklasse mit Unterkünften und Kunstgalerie, kein Restaurant, Weinprobe möglich; Waveren Road, Tulbagh, 6820, Tel. +27 23 230 0707, *saronsberg.com*
- Oakhurst Estates: Olivenölproben; Waveren Road, Tulbagh, 6820, Tel. +27 23 230 0842, *oakhurstolives.co.za*

Website: tulbaghtourism.co.za

Overberg

„Über den Berg" – genauer über den Sir Lowry´s Pass zogen einst die Voortrekker, die die Kapkolonie verließen. Die Landstriche an der südafrikanischen Südküste präsentieren sich mit schroffen Bergen und Küsten, gemäßigten Temperaturen und viel Wind – jedoch kaum, wie man sich Afrika vorstellt. Die Walker Bay bei Hermanus ist zu einem Hotspot für die Walbeobachtung geworden. Darüber hinaus bieten sich viele andere Ausflugsziele an.

Endlos scheinende Dünenstrände an der Walker Bay

Overberg

15. Zum Untergang geweiht? die Pinguine von Betty's Bay
16. Zwischen Himmel und Erde: die Kapelle des Weins
17. Gans Bay: auf der Suche nach dem Weißen Hai
18. Kap Agulhas: der südlichste Punkt Afrikas
19. De Hoop: die Hoffnung stirbt zuletzt!
20. Stillbaai und Blombos: die ältesten Kunstwerke der Welt
21. Genadendal: Ort der Versöhnung

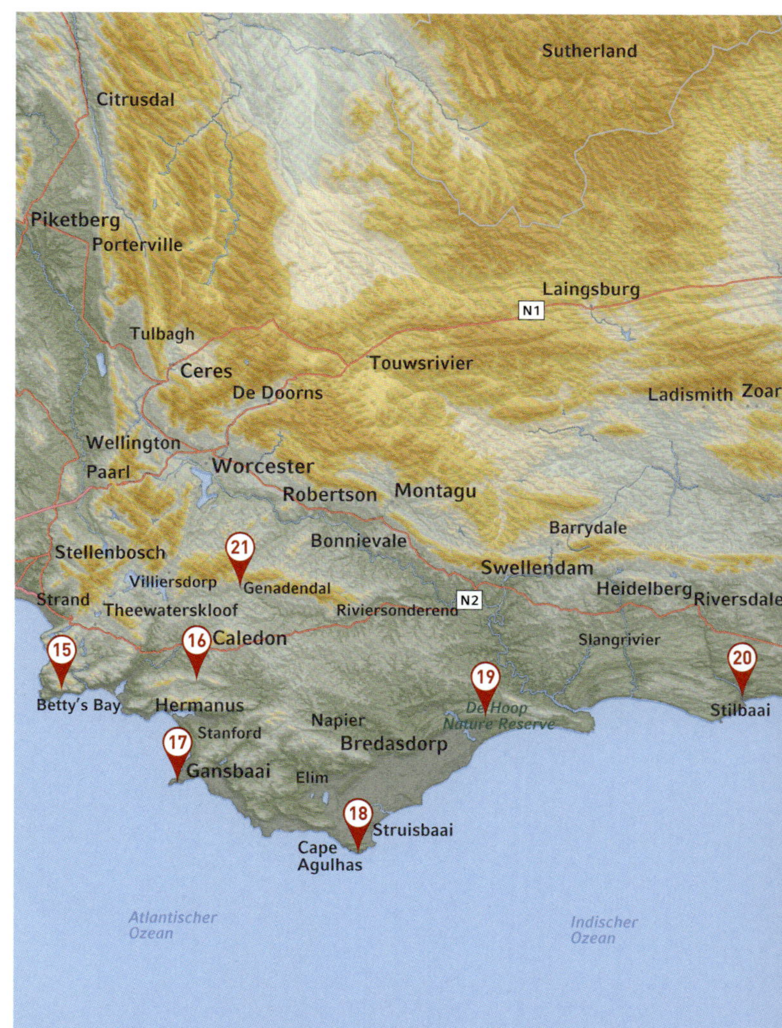

Sutherland
Citrusdal
Piketberg
Porterville
Laingsburg
N1
Tulbagh
Ceres
Touwsrivier
De Doorns
Ladismith
Zoar
Wellington
Paarl
Worcester
Robertson
Montagu
Barrydale
21
Bonnievale
Stellenbosch
Swellendam
Villiersdorp
Genadendal
Heidelberg
Riversdale
Strand
Theewaterskloof
Riviersonderend
N2
15
16
Caledon
Slangrivier
20
19
Betty's Bay
Hermanus
De Hoop
Nature Reserve
Stilbaai
Napier
Stanford
17
Bredasdorp
Gansbaai
Elim
18
Struisbaai
Cape
Agulhas
Atlantischer
Ozean
Indischer
Ozean

15. ZUM UNTERGANG GEWEIHT? DIE PINGUINE VON BETTY'S BAY

Glaubt man den Zoologen, so hat der Afrikanische Pinguin keine Zukunft. Auf nicht einmal 20.000 Brutpaare wird der Bestand heute noch geschätzt. Am Stony Point, einer felsigen Landspitze des Ferienortes Betty's Bay, lassen sich die Tiere hervorragend beobachten. Sie gehören zu einer der am meisten bedrohten Vogelarten Afrikas.

Noch vor 100 Jahren brüteten auf den Inseln vor den Küsten Südafrikas und Namibias Schätzungen zufolge zwischen 1,5 und drei Millionen Afrikanische Pinguine. Diese Art, im Deutschen auch Brillenpinguin genannt, ist die einzige Pinguinart, die in Afrika vorkommt.

Ruhepause auf den Felsen

Flirtversuche

Die Gründe für diesen Rückgang, der sich in den letzten Jahren noch verstärkte, sind vielfältig. Zu Beginn war es der Abbau von Guano, der Hinterlassenschaft von Millionen von Wasservögeln. Guanoschichten mit einer Stärke von vier bis sechs Metern bedeckten einst die Inseln und boten den Pinguinen geschützte Nistplätze. Ohne Rücksicht auf die Vögel wurde der Guano als gesuchtes Düngemittel abgebaut. Auch galten Pinguineier in Südafrika als Delikatesse. Später, in der zweiten Hälfte des 20. Jahrhunderts, sorgte dann vor allem die Überfischung der südafrikanischen Küstengewässer dafür, dass den Afrikanischen Pinguinen ihr Futter ausging – vorzugsweise Sardinen und Anchovis.

Heute bedrohen weitere Gefahren das Leben der Pinguine: Ölteppiche auf den Meeren, verlorene Angelleinen und Fischernetze, Epidemien der Vogelgrippe, aber auch der zunehmende Bestand an Robben, die den gleichen Beutetieren nachjagen wie die Pinguine.

Weißbrustkormoran

Stony Point, auch zur Hochsaison selten überlaufen, bietet eine hervorragende Möglichkeit, eine Brutkolonie des Afrikanischen Pinguins zu besuchen und die Tiere aus nächster Nähe zu betrachten. Ein Bohlenweg auf Stelzen verläuft durch die Felsen, hoch genug, dass die Pinguine ungestört zu ihren höher gelegenen Nestern watscheln können. An den Menschen, die sie beobachten und fotografieren, scheinen sie sich nicht zu stören.

Die Brutkolonie am Stony Point hat sich im Jahr 1982 auf dem Gelände einer früheren Walfangstation gebildet. Sie war die erste auf dem südafrikanischen Festland. Ein paar Jahre später kam noch der Strand von Boulders südlich von Simonstown hinzu. Die übrigen Brutkolonien befinden sich auf Inseln, die nur Wissenschaftlern zugänglich sind.

Küstenlandschaft am Clarence Drive

Dass die Bestände am Stony Point noch relativ stabil sind, ist vor allem den Vogelschützern zu verdanken, die hier viel Zeit für die Rettung der Tiere aufwenden. Zunächst wurden künstliche Bruthöhlen aufgestellt und Zäune zum Schutz gegen Raubtiere errichtet. Als die Zahl der Pinguine immer weiter zurückging, wurden von den Eltern aufgegebene Eier und verlassene Jungtiere den Nestern entnommen, ausgebrütet bzw. angefüttert, um später wieder ausgewildert zu werden. Ein mühsamer Kampf, um jedes einzelne Tier zu retten.

Klippschliefer

Stony Point ist aber nicht nur Pinguinkolonie, es bietet auch vorzügliche Möglichkeiten, Kormorane zu beobachten. Vier verschiedene Spezies kommen hier vor: Neben dem weit verbreiteten Weißbrustkormoran (White-breasted Cormorant) die Kronenscharbe (Crowned Cormorant), die Kapscharbe (Cape Cormorant) und die Küstenscharbe (Bank Cormorant). Der Bestand der letzten drei Arten gilt als mäßig bis stark gefährdet. Das Hauptinteresse jedoch gilt den Afrikanischen Pinguinen, den letzten ihrer Art.

INFO

Lage: Stony Point befindet sich auf einer Felsspitze im Ferienort Betty's Bay, etwa 90 Kilometer südöstlich von Kapstadt.

Anschrift: Stony Point Nature Reserve, 2411 Wallers Road, Betty's Bay, 7141, Tel. +27 87 087 3001

Aktivitäten in Betty's Bay:

- Harold Porter National Botanical Garden: erstrangiger botanischer Garten am westlichen Ortsausgang; Broadwith Road, Betty's Bay, 7141, Tel. +27 28 272 9311; *sanbi.org/gardens/harold-porter*
- Kogelberg Nature Reserve: mehrere ausgeschilderte Wanderwege unterschiedlichen Schwierigkeitsgrades; Zufahrt etwa acht Kilometer westlich von Betty's Bay von der R44, kurz vor dem Ort Kleinmond; Tel. +27 87 288 0499; *capenature.co.za/reserves/kogelberg-nature-reserve*

Unterkünfte: In Betty's Bay gibt es keine großen Hotel, jedoch zahlreiche Gäste- und Ferienhäuser.

Website: *capenature.co.za/reserves/stony-point-nature-reserve*

16. Zwischen Himmel und Erde: die Kapelle des Weins

Fährt man von Hermanus den Berg hoch in Richtung Caledon, so reiht sich Weingut an Weingut. Die Straße führt durch ein Hochtal, das seit alten Zeiten als Hemel en Aarde bezeichnet wird. Die Berge tragen biblische Namen. Und mitten in den Weinbergen steht eine moderne Kapelle.

Kevin Grant war schon immer ein wenig anders gestrickt als andere Winzer. Wer in Südafrika kommt schon auf die Idee, sein Weingut mit einem alt-griechischen Wort zu schmücken: „Ataraxia" bedeutet Seelenruhe. Und obwohl er seit vielen Jahren zu den bekanntesten Winzern Südafrikas zählt – das Weingut besteht seit 2004 –, lässt er seine Weine im Platters, der jährlich erscheinenden südafrikanischen Weinbibel, nicht bewerten.

Inmitten der Weinfelder errichtete er eine Kapelle – ein weiß leuchtendes Kleinod vor der Kulisse des Turms zu Babel, wie die frommen holländischen Siedler den mächtigen Felsen im Hintergrund nannten. Das Innere der Kapelle, der „Wine Lounge" von Ataraxia, ist in modernstem Design gestaltet. Es gibt kein Restaurant, keine „Wine Pairings", kein Ladengeschäft: Der Wein allein soll im Mittelpunkt stehen. Nur drei Sorten baut der Winzer an: Sauvignon Blanc, Chardonnay und Pinot Noir, außerdem gibt es eine Cuvée. Ziel ist es, die Eigenarten des Bodens und des Klimas in den Weinen möglichst rein zum Ausdruck zu bringen.

Im Hochtal Hemel en Aarde hat Weinbau keine lange Tradition. Es war abgeschieden und besaß ein paar Farmen, im 19. Jahrhundert sogar ein Leprahospital, das war alles. Um Wein anzubauen, galt das Tal einfach als zu kühl.

Anfang der 1970er-Jahre erahnte der Werbekaufmann Timothy Hamilton Russell das Potenzial dieses Hochtals für den Weinbau. Sein Traum war es, Weltklasseweine zu produzieren. Die Anfänge waren abenteuerlich. 1975 erwarb er zwei Farmen und bepflanzte sie mit Weinreben. In dieser Zeit waren die Quoten für die Weinpro-

Weingut Ataraxia, die Kapelle des Weins

duktion streng reglementiert. Eigentlich bestand keinerlei Chance, mit legalen Methoden Wein aus einem neuen Anbaugebiet in den Handel zu bringen. Mit vielerlei Tricks schafften es Russell und sein Winzermeister Peter Finlayson 1981, den ersten Wein zu präsentieren: Die Stecklinge für die Reben wurden auf verschlungenen Wegen aus Frankreich über Swasiland nach Südafrika geschmug-

Edles Ambiente und edle Weine

gelt, die ersten Trauben heimlich in der Dämmerung und in der Nacht geerntet und der Wein sehr fantasievoll, nur nicht korrekt deklariert.

Erst Ende der 1980er-Jahre verschoben sich die Gewichte im ständigen Scharmützel zwischen Russell und den Aufsichtsbehörden. 1989 wurde Finlayson vom Diners Club zum „Winemaker of the year" gewählt. Das Weinhaus Bouchard aus Beaune in Burgund warb ihn ab, engagierte sich in Südafrika und baute unter dem

Namen Bouchard Finlayson ein zweites Weingut von Weltrang auf. 1992 fiel das Quotensystem, und mit dem Ende der Apartheid öffneten sich die Weltmärkte für südafrikanischen Wein.

Nach und nach siedelten sich in Hemel en Aarde immer mehr Weingüter an. Fast alle produzieren erstklassige Weine. Denn gerade die etwas kühleren Temperaturen sind für gewisse Rebsorten viel zuträglicher als das warme Klima der traditionellen Weinbauregion um Stellenbosch, Franschhoek und Paarl. Vor allem Spätburgunder bringt Spitzenqualitäten hervor. Aber auch exzellente Weißweine wachsen zwischen Himmel und Erde.

INFO

Lage: Das Hochtal Hemel en Aarde befindet sich zwischen Hermanus und Caledon etwa 120 Kilometer südöstlich von Kapstadt. Die Straße R 320 führt durch das Hochtal. Alle Weingüter liegen an dieser Straße.

Weingüter mit Weinproben:

- Ataraxia: Tel. +27 28 212 2007, *ataraxiawines.co.za*
- Bouchard Finlayson: Tel. +27 28 312 3515, *bouchardfinlayson.co.za*
- Hamilton Russell: Tel. +27 28 312 3595, *hamiltonrussellvineyards.com*

Aktivitäten:

- Creation Wines: bietet ein umfassendes Programm für die ganze Familie, mit einem Restaurant, verschiedenen Wein-Pairings und Kinderprogramm; Tel. +27 28 212 1107, *creationwines.com*
- Hermanus Wine Hoppers: Wer auf das eigene Auto verzichten möchte, kann hier eine Tour buchen, mit vier bis sechs Stopps; Tel. +27 76 991 2498, *hermanuswinehoppers.co.za*

Unterkünfte: Hermanus ist ein beliebter Ferienort mit zahlreichen Hotels und Gästehäusern.

Website: *www.hermanus.co.za*

17. Gansbaai: auf der Suche nach dem Weissen Hai

Am Anlegesteg von Kleinbaai wartet eine Flottille von Booten und kleinen Schiffen auf Passagiere. Jeden Morgen sticht sie in See. Die Gewässer südlich des Städtchens Gansbaai haben sich zu einem Zentrum von ganz besonderen Tierbeobachtungen entwickelt.

Seit dem Film von Steven Spielberg aus dem Jahr 1975 gilt der Weiße Hai als das Monster schlechthin. Es ist auch furchterregend, wenn dieser Riesenfisch sein Maul mit den scharfen Zähnen aufreißt. Dabei ist der Weiße Hai von Natur aus gar kein Menschenfresser, sondern ein gefährdeter, seltener Raubfisch. Nur wenige Tausend Exemplare weltweit schwimmen oft riesige Distanzen durch die Ozeane. Die Gansbaai vorgelagerte Robbeninsel Dyer Island lockt immer wieder Weiße Haie auf der Suche nach Futter an.

Durch Gitter geschützt, können Touristen diese beeindruckenden Tiere aus nächster Nähe beobachten. Mehrere Unternehmen bieten Bootsfahrten mit „Shark Cage Diving" an. Jeden Morgen fahren die

Auf ins Abenteuer

Weißer Hai

Boote ins Meer hinaus. Mit Ködern werden die Haie angelockt. Kommen sie dann in die Nähe des Boots geschwommen, können die Passagiere die Haie aus einem Käfig heraus beobachten. Unter Wasser, Auge um Auge, Zahn um Zahn!

Ob das Anlocken der Tiere mit Ködern ethisch vertretbar ist, wird von Natur- und Umweltschützern kontrovers diskutiert. Immerhin werden die Bootsfahrten zur Haibeobachtung von den Naturschutzbehörden stark reguliert und kontrolliert. Trotzdem ist die Zahl der Weißen Haie in den Gewässern vor der Südküste in den letzten Jahren stark zurückgegangen. 2017 tauchten vor der Küste des Kaps Schwertwale auf, auch als Orca bekannt, die einzigen natürlichen Feinde des Weißen Hais. Wo Orcas erscheinen, kann der Weiße Hai nicht bleiben. Auch 2022 wurden wieder Orcas gesichtet. Doch wo der Weiße Hai sich rar macht, finden andere, kaum weniger beeindruckende Haiarten wie Bronzehaie oder Siebenkiemenhaie einen neuen Lebensraum.

Auch für den, der den Nervenkitzel des Haitauchens nicht braucht, bietet Gansbaai viel. Tausende von Südkapern oder Südlichen Glattwalen (Southern Right Whale) zieht es jedes Jahr vor die südafrikanische Küste zum Kalben. Seit der Fang dieser riesigen Tiere in den 1970er-Jahren zum Erliegen gekommen ist, nimmt ihre Zahl mit bemerkenswerten Wachstumsraten zu. Der Bestand dieser einst stark bedrohten Walart wird wieder auf 10.000 bis 15.000 Tiere in den südlichen Meeren geschätzt. Boote dürfen bis auf 50 Meter an die Wale heranfahren, sodass sich die Meeressäuger hervorragend beobachten lassen.

Nicht weniger spektakulär als Wale und Haie sind die Robben auf Dyer Island. Auf der früheren Guanoinsel bilden die Südafrikani-

Springender Wal

schen Seebären (Cape Fur Seals) eine riesige Kolonie, die zeitweise auf 50.000 Tiere anwächst. Dicht an dicht liegen die Tiere auf den Felsen. Im grün schimmernden Wasser schwimmen junge Robben spielerisch um die Boote herum und machen mit Kunststückchen auf sich aufmerksam. Ende des 19. Jahrhunderts waren die Seebären rund um Südafrika nahezu ausgerottet, doch dank konsequenten Naturschutzes haben sich die Bestände erholt. Heute leben wieder um die zwei Millionen Tiere an den Küsten Südafrikas und Namibias, und die Zahl nimmt weiter zu.

Auf Dyer Island brüten auch Afrikanische Pinguine, doch ist die Kolonie extrem gefährdet. Um sie zu schützen, wurde 2015 in Gansbaai das African Penguin and Seabird Sanctuary eingerichtet. Zu guten Teilen finanziert aus den Erträgen der Haitaucher. So kann auch eine etwas umstrittene Art der Tierbeobachtung letztlich zum Naturschutz beitragen.

INFO

Lage: Gansbaai liegt etwa 170 Kilometer östlich von Kapstadt.

Reisezeit: Wale können von Ende Mai bis Mitte November vor der Südküste Südafrikas beobachtet werden; die besten Möglichkeiten bieten sich zwischen August und Mitte Oktober. Alle anderen Aktivitäten sind ganzjährig möglich.

Bootsfahrten zum Haitauchen und zur Walbeobachtung: verschiedene Unternehmen bieten Bootsfahrten an, wie zum Beispiel

- Marine Dynamics: Tel. +27 79 930 9694, *sharkwatchsa.com*
- White Shark Projects, Tel. +27 76 245 5880, *whitesharkprojects.co.za*

Bootsfahrten zur Wal-, Robben und Vogelbeobachtung bietet an

- Dyer Island Cruises: Tel. +27 82 801 8014, *whalewatchsa.com*

Weitere Aktivitäten:

- African Penguin and Seabird Sanctuary: Wer sich über den Schutz der Seevögel informieren möchte, kann das Schutzzentrum besuchen, die Pinguinfütterung ist beliebt; Corner Main Road, Kleinbaai und Franskraal Road, Van Dyks Bay, Gansbaai, 7220, Tel. +27 72 598 7117, *dict.org.za/dict-projects/african-penguin-seabird-sanctuary/*
- Walbeobachtung vom Land aus: Sehr nahe an die felsige Küste heran schwimmen die Wale häufig bei De Kelders, wenige Kilometer westlich von Gansbaai.
- Rundflüge: Ein besonders Erlebnis ist die Beobachtung der Wale aus der Luft. Die Flüge starten vom Landestreifen der Farm Weltevrede in Stanford. Buchungen bei African Wings, Tel. +27 82 555 7605
- Panthera Africa Big Cat Sanctuary: Zwei engagierte Naturschützerinnen haben in der Nähe von Stanford ein Refugium für Raubkatzen geschaffen und informieren in zweistündigen Führungen über gefährdete Wildtiere; Führungen zweimal täglich, Voranmeldung erforderlich; Farm 933, Stanford, 7210, Tel. +27 71 182 8368, *pantheraafrica.com*
- Weingut Lomond: Geheimtipp im Hinterland von Gansbaai, dessen Landschaft durchaus an das Schottische Hochland erinnert; Weinprobe möglich; Lomond Farm, Avoca Road, Gansbaai, 7220; Tel. +27 28 388 0095, *lomond.co.za*

Unterkünfte:

- Grootbos: luxuriöses, privates Naturreservat mit umfangreichem Aktivitätenprogramm und Spa; an der R43 zwischen Stanford und De Kelders gelegen, Tel. +27 28 384 8053, *grootbos.com*
- zahlreiche Gästehäuser in Gansbaai, De Kelders und Stanford

Website: *xplorio.com/gansbaai/*

18. Kap Agulhas: der südlichste Punkt Afrikas

Nicht am Kap der Guten Hoffnung liegt die Südspitze Afrikas, sondern 155 Kilometer weiter westlich am Kap Agulhas. Erst hier treffen Indischer und Atlantischer Ozean aufeinander. Neben einem Blick vom Leuchtturm über das Kap bietet sich die raue Küstenlandschaft zum Wandern an.

Lange nicht so überlaufen wie das Kap der Guten Hoffnung, ist das Kap Agulhas ein beschaulicher Ort. Seinen Namen erhielt es von den portugiesischen Seefahrern, die Ende des 15. Jahrhunderts die Südküste Afrikas auf der Suche nach dem Seeweg nach Indien passierten. Sie fanden hier keinen Hafen, nur Riffe und Felsen, die aus dem Wasser ragten, und nannten es deshalb „Nadelkap" – Kap Agulhas.

Leuchtturm am Kap Agulhas

Für die Seefahrt sind die Gewässer vor diesem Küstenstreifen gefährlich. Zumal es sehr häufig stürmisch ist. Man nimmt an, dass im Laufe der Jahrhunderte etwa 250 Schiffe in den Untiefen schiffbrüchig wurden. Und so wurde schon 1848 ein Leuchtturm gebaut, um die vorbeifahrenden Schiffe vor den Gefahren zu warnen. Das Leuchtfeuer ist bis heute in Betrieb. Wer sich über die steilen Stufen des Turms bis zur Aussichtsplattform hocharbeitet, wird mit einem wunderbaren Blick über die Landschaft und das Meer belohnt.

Der südlichste Punkt Afrikas

Unterhalb des Leuchtturm befindet sich an einem felsigen Stück Küste das Kap Agulhas. Ein Bohlenweg führt zum wenige Hundert Meter weiter westlich liegenden südlichsten Punkt des Kontinents. Für die meisten Besucher ist es ein bewegender Moment, auch wenn sich die Stelle ziemlich unspektakulär präsentiert. Es ist meist windig und recht kühl, kaum so, wie man sich den sonnendurchglühten Erdteil vorstellt.

In der Umgebung befinden sich einige Feriensiedlungen, die nur in der Saison um die Weihnachtszeit etwas belebter sind. Größter Ort ist Struisbaai mit einem kleinen beschaulichen Hafen und einem viele Kilometer langen Sandstrand. Pläne, ihn zu einem lebhaften Urlaubsort auszubauen, dürften nach der Coronakrise erst einmal zurückgestellt worden sein.

Westlich des Kap Agulhas entstand 1998 der Agulhas-Nationalpark. Neben der Südspitze Afrikas und dem Leuchtturm umfasst er eine Reihe von früheren Farmen entlang der Küste in der Agulhas Plain.

Dabei handelt es sich um ein unwirtliches Stück Land, durchsetzt von kleinen Seen und Pfannen. Es ist überzogen von Fynbos-Bewuchs, der durch jahrzehntelange landwirtschaftliche Aktivität geschädigt ist und sich allmählich erholt. Der Park ist noch im Aufbau, wird auch durch Zukäufe erweitert. Einige der ehemaligen Farmhäuser wurden zu Unterkünften für Touristen ausgebaut. Wer große Tiere sehen will, ist hier fehl am Platz – wer Einsamkeit und raue Natur mag, kommt hier auf seine Kosten, wie auch Vogelliebhaber, denn im Nationalpark wurden bislang 273 Vogelarten gezählt. Und jedes Jahr werden ein paar neue entdeckt!

Steinzeitliche Fischfalle an der Küste

Etwa zehn Kilometer vom Kap Agulhas entfernt befindet sich das Rest Camp des Nationalparks mit komfortablen Unterkünften. Die Umgebung lädt zu Wanderungen und Spaziergängen ein. Der gut zehn Kilometer lange Two Oceans Trail führt zu einem Aussichtshügel, dem Sandberg, von dem man einen besonders guten Blick über die beiden Ozeane hat. Andere Wege führen die Küste entlang zu einem Schiffswrack und steinzeitlichen Fischfallen.

INFO

Lage: Das Kap Agulhas liegt 225 Kilometer südöstlich von Kapstadt und ist über Caledon und Bredasdorp in etwa drei Stunden zu erreichen.

Aktivitäten:

- Cape Agulhas Lighthouse: Von der Besucherplattform des zweitältesten Leuchtturms Südafrikas bietet sich ein weites Panorama über die Küste: Lighthouse Street, L'Agulhas, 7285; Tel. +27 28 435 6078.
- Struisbaai: ehemaliges Fischerdorf mit kleinem Hafen, heute eine Sommerfrische; im Norden des Ortes beginnt ein fantastischer Sandstrand, einer der längsten Südafrikas, der außerhalb der Feriensaison im Dezember und Januar meist menschenleer ist.
- Elim: altertümliches Dorf, das aus einer Missionsstation der Herrnhuter Brüdergemeinde hervorging. Im Ort befindet sich das einzige Denkmal in Südafrika, das an die Sklavenbefreiung im 19. Jahrhundert erinnert, und eine alte Mühle; Elim Heritage Centre, Elim, 7580 Tel. +27 86 123 4777 (siehe „Kurioses", vorne im Buch)
- Arniston: kleines Fischerdorf mit einem modernen Hotel, denkmalgeschützten Fischerhäusern in Kassiesbaai und der Höhle Waenhuiskrans; Arniston Spa Hotel, 1 Main Road, Arniston, 7280, Tel. +27 28 445 9000, *arnistonhotel.com*

Unterkünfte:

- Größere Hotels gibt es am Kap Agulhas nicht, dafür aber in den Orten Agulhas und Struisbaai zahlreiche Gästezimmer und Ferienwohnungen.
- Agulhas-Nationalpark: Rest Camp mit Bungalows für Selbstversorger zehn Kilometer westlich vom Leuchtturm; 214 Main Road, Agulhas National Park, Suiderstrand, 7287, Tel. +27 28 435 6078, Buchungen über die zentrale Reservierung der Nationalparks Tel. +27 12 428 9111 oder online über die Webseite des Nationalparks

Website: *sanparks.org/parks/agulhas/*

19. De Hoop Nature Reserve: die Hoffnung stirbt zuletzt!

De Hoop, die Hoffnung, nannten die burischen Siedler eine Farm an der rauen Südküste. Jahrhundertelang bemühten sie sich, dem kargen Sandboden eine Existenz abzuringen. Sie scheiterten. 1956 entstand zwischen Bredasdorp und der Mündung des Breede River das Naturreservat De Hoop, heute ein Paradies für Naturliebhaber und Mountainbiker.

In dieser einsamen Landschaft fand Frederik Willem de Klerk, der letzte Präsident des Apartheidsstaats, seinen Rückzugsort. Auf seinem Landsitz Lekkerwater hatte er nicht nur einen wunderbaren Blick auf das Meer, sondern auch die Ruhe, über den notwendigen Wandel Südafrikas nachzudenken. Hier konnte er Besucher und Ratgeber empfangen, ohne dass es gleich die Öffentlichkeit erfuhr. Man sagt, dass sich de Klerk in De Hoop aufhielt, als ihn die Nachricht erreichte, dass er zusammen mit Nelson Mandela den Friedensnobelpreis erhalten sollte.

De Hoop, türkisblaue Küste

Das Camp David Südafrikas existiert nicht mehr. 2015 brannte das Anwesen bei einem Feldfeuer ab. Im Grunde konnte das niemanden überraschen: Das Naturreservat ist von Fynbos überzogen, der charakteristischen Vegetation im Süden Südafrikas. Regelmäßige Flächenbrände sind erforderlich, damit sich die Flora erneuern kann. So können die meisten Protea-Arten nur nach einem Brand aufkeimen. Und so brennt es dann im Fynbos im Durchschnitt alle zehn bis 15 Jahre.

Historisches Farmhaus mit komfortablen Suiten

Das Florenreich des Kaps ist eines von nur sechs Pflanzenreichen, die auf dem Erdball vorkommen. Das kleinste, aber keinesfalls das artenärmste. 2004 wurde es von der UNESCO zum Weltnaturerbe deklariert. De Hoop gehört zu diesen besonders geschützten Gebieten. Mehr als 1500 verschiedene Pflanzenarten kommen im Reservat vor. Viele davon sind endemisch, was heißt, dass man sie nirgendwo anders findet.

Mit seinen Dünenlandschaften und herrlichen Stränden ist De Hoop für den Besucher ein äußerst attraktives Naturschutzgebiet. Weniger zur Tierbeobachtung, auch wenn hier Bergzebras, Elenantilopen, Buntböcke und andere Tiere angesiedelt wurden, die wenig Scheu vor den Besuchern zeigen. De Hoop lädt vor allem zum Wandern und zu Mountainbike-Touren ein. Steigungen sind selten, die Temperaturen gemäßigt, nur der ständig wehende Wind ist eine Herausforderung. Und dann sind da ja noch die Strände ...

Blessbock

Besonders beliebt ist ein Besuch von De Hoop in den Monaten August bis Oktober. Dann kommen die Wale ganz nahe an die Küste und lassen sich von den Dünen hervorragend beobachten. Da die Küstengewässer ebenfalls unter Naturschutz stehen, finden die Großsäuger (Südkaper oder Südliche Glattwale) hier ideale Bedingungen für die Aufzucht ihres Nachwuchses. Die letzten Zählungen haben ergeben, dass sich vor den Küsten von De Hoop jeden Winter mehr als 1100 dieser gewaltigen Tiere aufhielten.

Pelikane auf dem De Hoop Vlei

Lohnend ist auch eine Bootsfahrt auf dem De Hoop Vlei, einer Brackwasser-Lagune. Pelikane, Flamingos sowie Kiebitze, Reiher und andere Vögel, die am Ufer auf Beute lauern, lassen sich vom Wasser aus gut beobachten. Die Lagune ist ein Ramsar-Gebiet und damit als Lebensraum für Wasser- und Watvögel besonders geschützt.

Graureiher

Am Potberg, einer Klippe im Norden des Reservats, befindet sich die letzte Brutkolonie der Kapgeier im Western Cape. Der einst fast überall im südlichen Afrika anzutreffende, zweitgrößte afrikanische Geier kommt heute nur noch in kleineren Verbreitungsinseln vor. Eine Plattform bietet gute Möglichkeiten, die Vögel zu beobachten, deren Zahl dank der Zusammenarbeit der Tierschützer mit den Farmern der Umgebung wieder auf 200 bis 250 Tiere angewachsen ist. Ob die Bemühungen, das Verschwinden des Kapgeiers aufzuhalten, Erfolg haben werden, weiß niemand. Doch die Hoffnung stirbt zuletzt.

INFO

Lage: Das De Hoop Nature Reserve liegt etwa 240 Kilometer östlich von Kapstadt an der Südküste südlich von Swellendam. Die Zufahrtsstraßen sind nicht asphaltiert, aber auch für normale PKWs zu befahren.

Anschrift: De Hoop Nature Reserve, Overberg District Municipality 6740, Tel. +27 28 542 1114

Aktivitäten:

- Im Naturreservat bieten sich zahlreiche individuelle Touren für Wanderer und Mountainbiker. Besonders reizvoll ist eine Wanderung am Strand und an der Küste entlang.
- Durch den gesamten Park führt eine fünftägige Wanderung auf dem Whale Trail mit einfachen Hüttenunterkünften für bis zu zwölf Personen: Buchung erforderlich Tel. +27 87 087 8250 oder über *capenature.co.za*
- Bootsfahrten zur Vogelbeobachtung auf dem De Hoop Vlei können bei der Rezeption der De Hoop Collection gebucht werden.

Unterkünfte: Innerhalb des Naturreservats befinden sich mehrere Unterkünfte:

- De Hoop Collection: mit komfortablen Zimmern, Ferienhäusern, Campingstellplätzen und Restaurant oberhalb des De Hoop Vlei; Reservierungen und Informationen Tel. +27 21 422 4522, *dehoopcollection.co.za*
- Morukuru Beach Lodge: luxuriös und ein erstklassiger Ort zur Walbeobachtung ist die Lodge auf einer Düne über den Strand; Tel. +27 11 615 4303, *morukuru.com*
- Lekkerwater Beach Lodge: All-inclusive-Aufenthalte mit Aktivitätenprogramm, Anreise montags, mittwochs oder freitags; Tel. +27 21 001 1574 *naturalselection.travel/camps/lekkerwater-beach-lodge-at-de-hoop/*

Website: *capenature.co.za/reserves/de-hoop-nature-reserve*

20. STILBAAI UND BLOMBOS: DIE ÄLTESTEN KUNSTWERKE DER WELT

Stilbaai ist ein ruhiger Ort. Nur im Hochsommer zeigt sich Leben. Zu beiden Seiten der Mündung des Flusses Goukou in den Indischen Ozean ziehen sich Ferienhäuser die Hügel hinauf. Für Archäologen und Paläontologen ist Stilbaai jedoch ein Brennpunkt der Forschung: Seit der Jahrtausendwende haben neue Funde unser Wissen um die Ursprünge menschlicher Kultur revolutioniert.

Blick auf Stilbaai

Die Südküste der Kapprovinz galt seit jeher als rau und unwirtlich, windig und kühl. Manche Szenerien erinnern an Nordeuropa und nicht an Afrika. Die Farmgebiete und traditionellen Verkehrswege befanden sich weiter im Landesinneren. Die Orte an der Küste waren lange Zeit nur über Stichstraßen zu erreichen.

So traf es sich, dass der Großvater von Christopher Henshilwood in den 1960er-Jahren in der Nähe von Stilbaai eine Immobilie

Schätze im Museum von Stilbaai

am Meer erwarb, um sich dorthin zum Fischen zurückziehen zu können. Die Küste ist felsig, das Land von stachligem Buschwerk bewachsen, außer Natur gibt es nichts. Auf dem scheinbar nutzlosen Land befindet sich auch eine Höhle, die Blombos Cave. In den 1990er-Jahren begann Henshilwood, der nach beruflichen Anfängen im Familienunternehmen Archäologie studiert hatte, die Höhle näher zu untersuchen.

Und was er entdeckte, revolutionierte unser Wissen über das Leben in der Steinzeit. Seit Längerem ist aus Funden an verschiedenen Orten an der Küste bekannt, dass seit 120.000 Jahren Menschen in dieser Region lebten. Als Jäger und Sammler zogen sie die Küsten entlang. Muscheln und Fische bildeten einen wesentlichen Teil ihrer Nahrung. In den Höhlen der felsigen Klippen fanden sie Schutz gegen die Witterung und wilde Tiere. An zahlreichen Orten haben Archäologen Spuren steinzeitlichen Lebens entdeckt.

Das Gebiet um Stilbaai gilt als Schwerpunkt der Erforschung der Altsteinzeit. Wir wissen nur wenig über diese Epoche der Menschheit – wie bei einem riesigen Puzzle, von dem nur einige winzige Teilchen vorhanden sind. Jeder neue Fund trägt dazu bei, unser Wissen zu vergrößern. Bei Stilbaai fand man etwa 70.000 Jahre alte Pfeilspitzen aus einem Material namens Silcrete, die man mögli-

Steinklingen zum Öffnen von Muscheln

cherweise auch zum Öffnen von Muscheln oder Straußeneiern verwenden konnte, viel kleiner als die bekannten Faustkeile. Sind dies Zeichen einer technischen Revolution, die sich hier abspielte?

In der Blombos-Höhle wurden in Fundschichten, die auf ein Alter von etwa 73.000 Jahren datiert werden, Steinsplitter mit gitterartigen Ritzungen gefunden, außerdem das Fragment eines Steins mit ockerfarbenen Linien, ganz offensichtlich bewusst von Menschen aufgetragen. Dieser Fund, 2018 publiziert, war eine Sensation, handelt es sich doch um die älteste bisher bekannte Zeichnung menschlichen Ursprungs, 10.000 Jahre älter als Malereien, die vor einigen Jahren in Spanien entdeckt wurden. Doch jede neue Entdeckung wirft auch neue Fragen auf und so bleibt viel Raum für die weitere archäologische Forschung. Henshilwood interessiert vor allem die Herausbildung kultureller Verhaltensweisen und der Sprache.

Die Blombos-Höhle ist wie andere Plätze archäologischer Forschung nicht zugänglich. Das kleine Museum in der Tourismusinformation in Stilbaai, liebevoll von der Hessequa Society of Archaeology unterhalten, gibt dem Besucher jedoch ein eindrucksvolles Bild der steinzeitlichen Kultur vor etwa 70.000 Jahren. Ausgestellt sind neben Schautafeln zahlreiche Steinwerkzeuge sowie Repliken der Funde aus der Blombos-Höhle. An der Küste rund um Stilbaai trifft man immer wieder auf die Spuren alter Fischfallen und Rastplätze, die aus vorgeschichtlicher Zeit überkommen sind.

Blombos: 70.000 Jahre altes Muster

INFO

Lage: Stilbaai liegt etwa 340 Kilometer östlich von Kapstadt an der Südküste

Aktivitäten:

- Museum in Stilbaai: Die Ausstellungsräume befinden sich im Tourismusbüro, 28 Langenhoven Street, Stilbaai West, Stilbaai, 6674, Tel. +27 28 754 2602, *hesva.org.za/en/blombos-museum-of-archaeology*
- Gin-Destillerie Inverroche in Stilbaai: eine der ältesten der boomenden Branche. Für Führungen und Tastings wird eine Anmeldung empfohlen; Old Riversdale Road (R 323), Still Bay, 6674, Gouritz, Tel. +27 28 754 2442, *inverroche.com*
- Gourikwa Naturreservat: Wo einmal eine südafrikanische Atombombe gebaut werden sollte, erstreckt sich heute eine wunderbare ungestörte Küstenlandschaft mit vielen Wandermöglichkeiten. Zu sehen sind außerdem prähistorischen Fischfallen und ein Leuchtturm. Unterkünfte bieten die früheren Villen des Personals sowie Cottages entlang der Küste, es gibt auch ein Restaurant, Buffelshoek 15, Gouritsmond, 6696, Tel. +27 87 702 9126, *gourikwa.co.za*

Unterkünfte: Stilbaai hat keine Hotels, dafür zahlreiche Gästehäuser und Ferienhäuser.

Website: *stilbaaitourism.co.za*

21. GENADENDAL: ORT DER VERSÖHNUNG

Unterhalb der Riviersonderend-Berge, etwa 100 Kilometer westlich von Kapstadt, überrascht ein idyllisch gelegenes, historisches Gebäudeensemble. Malerische, sonnenblumengelb gestrichene Häuser umgeben eine Kirche von beachtlichem Ausmaß. Wir befinden uns in Genadendal, der ältesten Missionsstation in Südafrika.

Als Jan van Riebeeck 1652 sich im Auftrag der Ostindischen Kompanie in Kapstadt etablierte, traf er keineswegs auf ein unbesiedeltes Land. Die Khoi hatten sogar an der Tafelbucht einen Handelsposten errichtet, um den von Zeit zu Zeit passierenden Schiffen ihre Waren anzudienen. Nach der Ankunft der Holländer wurden die Khoi nach und nach aus der neuen Kolonie und den umliegenden Landstrichen verdrängt.

Niederländische Mitglieder der Herrnhuter Brüdergemeinde hatten Anfang des 18. Jahrhunderts von der schlechten Behandlung der Khoi gehört. Diese damals in Sachsen ansässige Gemeinschaft vereinigte verschiedene Strömungen des Protestantismus in ihrem

Missionsstation ...

... Genadendal

Gedankengut, das sie durch Missionare in alle Welt tragen wollte. Von Anfang an wandte sich die Mission auch der indigenen Bevölkerung der Kolonien in Übersee zu. Und so sandte der Bischof der Brüdergemeinde, Nikolaus Graf Zinzendorf, im Jahr 1737 Georg Schmidt nach Südafrika.

Der Missionar stürzte sich mit Eifer in die Arbeit, sammelte Anhänger um sich und ließ sich 1738 mit ihnen in einer Gegend namens Baviaanskloof nieder. Dort lehrte er seine Anhänger Holländisch, brachte ihnen Lesen und Schreiben bei und erklärte ihnen die Bibel. Nach einigen Jahren taufte er einige seiner Gefolgsleute. Dieser Schritt rief den Widerstand der Farmer der Region und der offiziellen Niederländischen Kirche hervor. Georg Schmidt musste Südafrika schon im Jahr 1744 wieder verlassen.

Erst 1792 wurden wieder drei Herrnhuter Missionare entsandt. Sie machten sich auf zu Schmidts früherer Niederlassung – und fanden dort noch seine frühere Köchin vor, eine mittlerweile alte Frau namens Ouma Lena. Nahezu 50 Jahre lang hatte sie den Menschen die Bibel gelesen. Dieses Mal war die Neugründung erfolgreicher.

Missionsmuseum

Bereits im Jahre 1800 hatten sich etwa 1000 Menschen um die Missionsstation angesiedelt.

1806 bekam die Station den Namen Genadendal. Mit der Aufhebung der Sklaverei in den 1830er-Jahren erhielt der Ort erneut großen Zulauf, und die erste Hälfte des 19. Jahrhunderts wurde zur Blütezeit. Damals spielten die Missionen eine gewichtige Rolle im Gefüge der südafrikanischen Gesellschaft. 1837 wurde eine Druckerei gegründet, 1838 die erste südafrikanische Institution für Lehrerbildung eingerichtet. Wirtschaftlich war Genadendal unabhängig, da es nicht nur landwirtschaftliche Güter für den Eigenbedarf, sondern auch Stühle, Lederwaren und Herrnhuter Messer für den Verkauf in ganz Südafrika produzierte.

Missionskirche

Mit der Industrialisierung verloren Orte wie Genadendal an Bedeutung. Zur Zeit

Altes Mühlrad von 1796

der Apartheid waren kirchliche Institutionen, die sich für nichtweiße Bevölkerungsgruppen einsetzten, suspekt. Es war denn auch ein Ritterschlag für den Ort, als Nelson Mandela im Jahr 1995 die Residenz des Präsidenten in Kapstadt von Westbrooke in Genadendal umbenannte. Der Name steht symbolisch für einen Platz, an dem stets die Menschen verschiedener Hautfarben zusammenkamen. Eine unscheinbare Missionsstation wurde damit als Vorbote der Emanzipation und Gleichberechtigung aller Südafrikaner geadelt.

Der Museumskomplex in Genadendal nahe der Stadt Greyton liegt idyllisch. Er umfasst die Kirche aus dem Jahr 1891 mit der ältesten Orgel Südafrikas, außerdem verschiedene alte Gebäude, darunter die Wassermühle von 1796, die noch heute funktionsfähig ist. Ein Birnbaum ist an der Stelle gepflanzt, an der Georg Schmidt seinen Anhängern aus der Bibel las. In verschiedenen Ausstellungsräumen werden Memorabilien aus der Geschichte der Missionsstation und der Herrnhuter Brüdergemeinde, heute Moravian Church, gezeigt.

INFO

Lage: Genadendal liegt in der Nähe von Greyton 140 Kilometer westlich von Kapstadt.

Aktivitäten:

- Genadendal Mission Museum: Kerk Street, Genadendal, 7234, Tel. +27 28 251 8582, Führung durch den Museumskomplex nach Vereinbarung.

Unterkünfte: Im nahen Greyton gibt es zahlreiche Gästehäuser und Ferienwohnungen.

Website: *genadendal.info*

Route 62

Die Route 62 hat als touristische Straße neues Leben in die Kleine Karoo gebracht, den Landstrich zwischen den Gebirgsketten Swartberge und Langeberge. Vorzüglich ausgebaut führt sie durch eine beeindruckende Landschaft und ist als Verbindung zwischen Kapstadt und der Gartenroute der autobahnähnlichen N2 bei Weitem vorzuziehen. Unterwegs passiert man immer wieder kleine Orte, die einen Stopp lohnen.

Über den Weinfeldern des Breedetals: die Kapelle des Weinguts Bosjes

Route 62

NORTHERN CAPE
Wupperthal
Cederberg
Sutherland
Merweville
Leeu-Gamka
N1
Laingsburg
Prince Albert
Touws River
WESTERN CAPE
27
23
De Doorns
Ladismith
Calitzdorp
26
Worcester
24
Oudtshoorn
Robertson
Montagu
25
Ashton
22
Barrydale
George
Genadendal
Swellendam
Herbertsdale
Greyton
Riversdale
N2
Mossel Bay
Riviersonderend
Albertinia
Caledon
Witsand
Hermanus
Stilbaai
Napier
Gansbaai
Bredasdorp
Kap Agulhas

22. Durch die Buschmannsschlucht ins Breedetal

Eine spektakuläre Wanderung führt von Greyton über die Berge nach McGregor. Sie führt in sechs Stunden zu einem Wasserfall mitten im Gebirge und endet am Rande des Breedetals. Unterwegs immer wieder wunderbare Panoramen und viele seltene Pflanzen, die in den Monaten August bis Oktober in voller Blüte stehen.

Quellen und Wasserläufe waren für die nomadisierenden Khoi und San wichtige Orientierungspunkte. Während es in den Riviersonderend-Bergen im Sommer oft knochentrocken wird, führt der kleine Fluss Gobos zu jeder Jahreszeit Wasser. So ist es denn kein Wunder, dass seit uralten Zeiten ein Pfad diesem engen Tal folgte, um die Gebirgsschranke in Richtung zum Breedetal zu überwinden. Die frühen Siedler gaben dem Einschnitt den Namen Boesmanskloof: Buschmannsschlucht. Während des Zweiten Weltkriegs sollte von

Greyton

Kriegsgefangenen eine Passstraße durch die Schlucht gebaut werden. Doch bevor sie fertig war, war der Krieg zu Ende. Spuren der unvollendeten Straße sind noch erhalten. Bis heute blieb es bei einem Fußweg, der von den Naturschutzbehörden unterhalten wird.

Die Wanderroute beginnt im charmanten Ort Greyton im Overberg, einem etwas altertümlichen Dorf, das in den letzten Jahren von Künstlern und Aussteigern entdeckt wurde, die die Ruhe des Lebens auf dem Lande gegen die Hektik von Kapstadt eintauschen wollten. Für Wanderer empfiehlt es sich durchaus, bereits am Tag vorher anzureisen, ein wenig durch den friedlichen Ort zu bummeln und die entspannte Atmosphäre auf sich wirken zu lassen.

Es ist zu empfehlen, zur Wanderung durch die Boesmanskloof früh aufzubrechen. Denn von Greyton führt der Pfad zunächst einmal sechs Kilometer auf einem steinigen Fahrweg aufwärts durch eine herrliche offene Landschaft. Etwa 400 Meter Höhenunterschied sind zu überwinden. Unterwegs bieten sich wunderbare Panoramen in

die Gebirgswelt und zurück ins Tal. Auf der Hälfte der Strecke trifft man auf einen Wasserfall, die Oak Falls. Der kleine See an seinem Fuß ist wie geschaffen für eine längere Rast und ein kühlendes Bad. Danach senkt sich der Weg dann allmählich zum Grund der Schlucht, um schließlich bei „Die Galg" wieder in zivilisiertere Regionen zu gelangen. Die gesamte Strecke beläuft sich auf etwa 14 Kilometer, je nach Kondition dauert die Wanderung etwa fünf bis sieben Stunden.

Die Galg – auf Deutsch „Der Galgen" – ist ein im Jahr 1862 ausgewiesenes Dorf, das nie gebaut wurde. Nur ein paar einzelne Häuser verlieren sich in der Landschaft. Immerhin gibt es einige Unterkünfte, sodass die Wanderer hier übernachten können, um am nächsten Tag den Weg in Gegenrichtung zurückzulaufen. Wer einen Transport organisiert hat, kann entweder nach Greyton zurückfahren oder sich zum nächsten Ort bringen lassen, dem etwa 14 Kilometer entfernten McGregor.

Das Dorf wirbt mit dem Slogan „Where time stood still" – und in der Tat scheint die Zeit hier stehengeblieben zu sein. Die Atmosphäre ist beschaulich, doch gerade das macht den Reiz aus. Rund um die Kirche haben sich einige „Nagmaalhuisies" aus der Zeit um 1800 erhalten, temporäre Unterkünfte zum Besuch des Gottesdienstes für die Bewohner der weit verstreuten Farmen. Vielen der Wohnhäuser sieht man ihre Vergangenheit an. Doch ähnlich wie in Greyton bringen Aussteiger bunte Tupfer in das friedfertige Landleben: So können die Besucher im alten Postamt Whisky probieren, in der Pizzeria einen Pizzabäcker aus Köln begrüßen, sich mit einer Reiki-Massage wieder in Form bringen lassen, im Haus Wahnfried einen Film anschauen – oder einfach nur das süße Nichtstun genießen.

INFO

Lage: Greyton und McGregor liegen östlich von Kapstadt. Bis Greyton sind es mit dem Auto 140 Kilometer, bis McGregor etwa 180 Kilometer.

Wanderung auf dem Boesmanskloof Trail:

- Für die Wanderung ist ein Permit erforderlich, das beim Tourismusbüro in Greyton erhältlich ist. Wegen der

Begrenzung auf 50 Personen am Tag ist Voranmeldung sinnvoll. Tel. +27 28 254 9564, *info@greytontourism.com* Alternativ gibt es Permits auch beim Call Centre von Cape-Nature Tel. +27 87 087 8250, *reservation.alert@capenature.co.za*

- Gute Wanderschuhe und ein guter Sonnenschutz sind unerlässlich. Aus Sicherheitsgründen sollte die Wanderung nicht allein unternommen werden. An warmen Tagen empfiehlt es sich früh aufzubrechen, um den kräftezehrenden Aufstieg noch in den kühleren Morgenstunden zu bewältigen. Proviant und Wasser sollten mitgebracht werden. Wer nicht nach einer Zwischenübernachtung am nächsten Tag zurückwandern möchte, muss sich rechtzeitig um eine Transportmöglichkeit kümmern.

Aktivitäten:

- Tanagra Wine and Guest Farm: mit Unterkunft, Weinproben nach telefonischer Vereinbarung; fünf Kilometer außerhalb von Mc Gregor an der Straße nach Robertson; Vroliijkheid, Robertson Road, McGregor, 6708, Tel. +27 23 625 1780, *tanagra.co.za*

Unterkünfte: Am Ende der Wanderung in Die Galg:

- Onverwacht Cottages: Boesmanskloof, McGregor, 6708, Tel. +27 82 612 4623; *boesmanskloofmcgregor.com*
- Die Galg Accomodation: einfach; Die Galg, Mc Gregor, 6708, Tel. +27 72 240 0498; *boesmanskloof-diegalg.co.za*

Zahlreiche Boutique Hotels, Gästehäuser in Greyton und Mc Gregor, darunter:

- The Post House Hotel: 22 Main Road, Greyton, 7233, Tel. +27 28 254 9995; *theposthouse.co.za*
- Temenos Retreat: Corner Bree and Voortrekker Street, McGregor, 6708, Tel. +27 23 625 1871, *temenos.org.za*

Websites:

- *mcgregorvillage.co.za*
- *destinationmcgregor.co.za*
- *greytontourism.com*

23. Ein Blickfang im Breedetal: die Bosjes Hochzeitskapelle

Südafrika ist nicht reich an herausragenden zeitgenössischen Bauwerken. Eines findet sich in einer Gegend, wo es niemand erwartet: im nördlichen Breedetal. Die Bosjes Wedding Chapel ist nicht nur ein bemerkenswertes Stück Architektur, sondern auch ein Ort, um innezuhalten, den Blick in die weite grüne Landschaft zu genießen und sich einfach verzaubern zu lassen.

Wie eine Welle schwingt sich das Dach ...

Der nördliche Teil des Breedetales zwischen Worcester und Wolseley ist seit jeher vom Weinbau geprägt, doch nicht unbedingt für Spitzenweine bekannt. Die Masse der Produktion wird zu Branntwein weiterverarbeitet oder geht in großen Tanks in den Export. Erst in Europa wird der Wein in Flaschen abgefüllt und findet schließlich zu Billigpreisen einen Platz in einem Supermarktregal. Reich werden südafrikanische Winzer damit nicht. Und so ist es kein Wunder, wenn sie auf ihren ererbten Gütern nach neuen Einkommensmöglichkeiten suchen.

... über die Kapelle von Bosjes.

Die bereits 1790 gegründete Farm Bosjes ist da keine Ausnahme. Der Wein ist ordentlich, aber sicher keinen Umweg wert. Spektakulär ist die Hochzeitskapelle, auf einer Anhöhe über dem Tal. Sie ist eines der wenigen zeitgenössischen Beispiele eines ikonischen, skulpturalen Bauwerks in Südafrika und wurde 2017 nach Plänen des südafrikanisch-britischen Architekten Coetzee Steyn fertiggestellt.

In einem biblischen Psalm heißt es (Ps 36,7): „Wie köstlich ist deine Güte, Gott, dass Menschenkinder unter dem Schatten deiner Flügel Zuflucht haben. Sie werden satt von den reichen Gütern deines Hauses, und du tränkst sie mit Wonne wie mit einem Strom. Denn bei dir ist die Quelle des Lebens, und in deinem Lichte sehen wir das Licht."

Landschaft als Teil der Architektur

Die Idee des Bauwerks folgt diesem Bibelwort. Die Kapelle wird überdeckt von einem federleicht erscheinenden Betondach, das sich wie riesige Schwingen über den sakralen Raum legt. Der stille meditative Raum ist schlicht gestaltet – nach dem Vorbild der Herrnhuter Missionskirchen mit weißgekalkten Wänden ohne Schmuck. Doch ist der Sakralraum nicht mit Mauern von der Außenwelt abgeschlossen, sondern durch Glaswände nach außen geöffnet: Die Landschaft als Gottes Schöpfung wird Teil der Architektur.

Um zur Kapelle zu gelangen schreitet man auf einem Steg durch eine Wasserfläche – symbolisch für den Weg zum Heil, über den Moses die Israeliten durch das Rote Meer führte. Das sakrale Gebäude ist eingebettet in einen meditativen Garten, in dem ausschließlich Pflanzen wachsen, die bereits in der Bibel erwähnt sind. Auch wenn dem normalen Besucher diese Bezüge nicht gleich geläufig sind, so handelt es sich doch um einen stillen Ort, an dem man innehalten sollte, um den magisch anmutenden Zauber des Platzes wirken zu lassen.

Coetzee Steyn hat auch das Restaurant des Weinguts gestaltet. Mit dem 2021 eröffneten Café und Souvenirshop schuf er ein Meisterstück: Elegant und einfühlsam schmiegt sich das futuristische Gebäude in die Gartenlandschaft – und gewann postwendend den renommierten A+-Award der Architekturzeitschrift Archetizer.

Restaurant

Herrenhaus mit kapholländischem Giebel

INFO

Lage: Bosjes Estate liegt etwa 110 Kilometer nordöstlich von Kapstadt an der Straße von Worcester nach Ceres; R 43, 28 Kilometer südlich von Ceres, Tel. +27 23 004 0496

Restaurant: Auf der Farm befinden sich das Restaurant Bosjes Kombuis und das Café Spens.

Unterkunft: Bosjes besitzt auch ein kleines Gästehaus mit fünf Zimmern sowie ein Spa.

Website: *bosjes.co.za*

24. Südafrika ohne Stress: Montagu

Es wirkt ein wenig abgeschnitten von der modernen Welt, das nostalgische Städtchen Montagu am Eingang zur Kleinen Karoo. Es besitzt Charme, Charakter und Romantik, ist still und doch hellwach. Eine gute Gelegenheit, einmal innezuhalten und in ein Südafrika einzutauchen, das nur wenig von der Dynamik und Hektik des 21. Jahrhundert zu kennen scheint.

Bei Ashton lässt die Route 62 das Breedetal mit seinen Weinfeldern hinter sich und quert die Gebirgsschranke der Langeberge durch die Schlucht Cogmanskloof. Die Straße wurde 1875 vom legendären Straßenbauer Thomas Bain gebaut – etliche der aus Feldsteinen gebauten Stützmauern haben bis in die heutige Zeit überdauert. Mit Schießpulver wurde sogar ein Tunnel in den Felsen gesprengt: Das Auge der Kleinen Karoo. So heißt die lang gezogene Niederung zwischen den Bergketten der Langeberge im Süden und den Swartbergen im Norden. In einem Streifen im Norden der Kleinen Karoo gibt es dank verschiedener Zuflüsse fruchtbares Farmland. Nach Süden hin nimmt die Landschaft immer mehr wüstenähnliche Züge an.

Wenige Kilometer nach Passieren der Schlucht erreicht man das beschauliche Städtchen Montagu. Wenn es einen Ort zum Entschleunigen gibt, dann liegt er hier! Die Stadt wurde 1856 gegrün-

Die beschauliche Hauptstraße

det, etwa 100 Jahre, nachdem in der Gegend die ersten Farmen entstanden sind. Wie Linien auf einem Schachbrett kreuzen sich die Straßen, gesäumt von blühenden Vorgärten und schmucken historischen Häusern . Viele davon im viktorianischen Stil mit den typischen überdachten Terrassen, manche auch kapholländisch mit barocken Giebeln, meist liebevoll gepflegt und konserviert, jedoch selten überrestauriert. Kurz: ein Landstädtchen mit Flair.

Reformierte Kirche

Die stillen Straßen laden zu einem Spaziergang ein. Oder zu einer geführten Tour mit dem Fahrrad. Auf dem Weg wird ein Stopp in einer Galerie eingelegt oder es wird gleich ein Künstler oder Kunsthandwerker in seinem Atelier besucht. Etliche haben die entrückte Atmosphäre von Montagu gewählt, um ihrer Kreativität freien Lauf zu lassen. Noch stilvoller ist eine Tour mit alten amerikanischen Autos der Zeit um 1960 durch Montagu und die Umgebung. Mit einem Cadillac Sedan Baujahr 1956 zu einer Weinprobe kreuzen? Nostalgischer geht es kaum.

Von Montagu zieht sich das fruchtbare Koo Valley nach Nordwesten, auch unter dem Namen Keisie Valley bekannt. Traditionell wird hier viel Obst angebaut. Montagu hat sich einen Namen für getrocknete Früchte aller Art gemacht: Pfirsiche und Aprikosen, ebenso wie Äpfel, Birnen, Mangos und vieles mehr – wichtiger Bestandteil der klassischen südafrikanischen „Padkos", des Reiseproviants für längere

Kapholländisches Haus

Autofahrten. Auch Wein wird im Tal viel angebaut, doch haben sich nur wenige Weinfarmen einen eigenen Namen gemacht. Größter Produzent ist nach wie vor die Genossenschaft in Montagu, die passable Weine zu erstaunlich günstigen Preisen verkauft.

Viele der Farmen im Hinterland von Montagu bieten auch Gästezimmer und Ferienhäuser an, haben Wanderwege auf ihrem Land ausgeschildert. Legendär sind die Traktortouren der Protea Farm. In gemächlichem Tempo geht es mit Traktor und Anhänger über steinige Wege hoch auf den Gipfel des Arangieskop. Aus 1500 Metern Höhe bietet sich ein prachtvolles Panorama über das Breedetal und die Langeberge. Unterwegs wird schon das erste Glas Wein gereicht und am Ende der Tour wartet ein traditionelles Potjiekos – klassische Farmküche der Kleinen Karoo vom Feinsten!

Historisches Wohnhaus mit Speicher

INFO

Lage: Montagu liegt etwa 190 Kilometer östlich von Kapstadt.

Aktivitäten:

- Flying Feet Cycle Tours: Geführte Wanderungen, Stadtrundgänge und Touren mit dem Fahrrad durch Montagu, die auch den Besuch von Galerien und Ateliers ansässiger Künstler einschließen; Marchelle van Zyl, 27 Bath Street, Bergsig, Montagu, 6720, Tel. :+27 76 891 3623, *flyingfeet.co.za*

- American Dream Cars: nostalgische Ausflüge mit 60 Jahre alten Straßenkreuzern auf der Route 62, Buchungen über das Montagu Country Hotel; *montagu.org.za/what-to-do/american-dream-cars*
- Forellenfarm Two Dam Sustainable: malerische Gästefarm in den Bergen, 26 Kilometer von Montagu entfernt. Sie hat sich auf die Zucht von Forellen spezialisiert. Es gibt vier Ferienhäuser, für kleinere Gruppen ab sechs Personen werden auch Farmtouren mit Produktverkostung angeboten; Langhoogte Farm, Pietersfontein, Montagu, 6720, Tel. +27 82 748 6448, *twodam.co.za*
- Traktortouren auf der Protea Farm, 29 Kilometer von Montagu entfernt im Koo Valley. Die Farm verfügt auch über fünf Ferienhäuser; Koo Valley, Montagu, 6720, Tel. +27 23 614 3012, *proteafarm.co.za*
- Sanbona Wildlife Reserve: exklusiv und hochpreisig. Das private Wildreservat wurde 2002 gegründet. Von mehreren exklusiven Lodges aus werden Wildbeobachtungsfahrten angeboten; Zufahrt 41 Kilometer östlich von Montagu von der R 62, keine Tagesbesuche möglich; Tel. +27 21 010 0028, *sanbona.com*

Unterkünfte:

- Montagu Country Hotel: bereits 1875 gegründet, präsentiert sich das Hotel heute im Art-déco-Stil der 1920er-Jahre; 27 Bath Street, Bergsig, Montagu, 6720, Tel. +27 23 614 3125, *montagucountryhotel.co.za*
- Avalon Springs Hotel: bei südafrikanischen Gästen auch für längere Aufenthalte beliebt, mit heißen Quellen und einer ausgedehnten Poollandschaft; Uitvlucht Street, Montagu, 6720, Tel. +27 23 614 1150, *avalonsprings.co.za*

Website: *montagu.org.za*

25. Kunststopp in der Kleinen Karoo: Barrydale

Ein unscheinbarer Zwischenstopp an der Route 62, der alten Verbindung zwischen Port Elizabeth und Kapstadt: das kleine Städtchen Barrydale. Hier war noch nie viel los – die Geschichte des kleinen Landstädtchens verliert sich in Anekdoten. Umso mehr ein Grund, einmal innezuhalten.

Reformierte Kirche in Barrydale

Die Route 62 hat als touristische Straße in den letzten zwanzig Jahren neues Leben in die Kleine Karoo gebracht. In Barrydale trifft sie auf die landschaftlich beeindruckende von Swellendam herüberkommende historische Passstraße über den Tradouwpass.

Der Kapstädter Rechtsanwalt Theo Nel und seine Frau verwirklichten sich einen Traum, als sie vor mehr als zehn Jahren das Barrydale Hotel erwarben. Ein Hotel, wie es in jedem „Dorp" zu finden war – und ist: mit Pub und Alkoholausschank der soziale Mittelpunkt des Städtchens. Dazu der Ort für den Sunday Lunch nach dem Kirchgang. Früher gab es auch einmal ein Kino, aber das ist lange her. Wie kann man ein solches, über lange Jahre vernachlässigtes Haus wieder attraktiv machen? Alles herausreißen und moderne Zimmer im Einheitsstil hineinbauen? Oder den etwas morbiden Charme des Hauses bewahren und nur behutsam modernisieren. Die Besitzer entschieden sich für die letzte Variante,

Karoo Art Hotel

möblierten das gesamte Hotel mit Skulpturen und Gemälden und nannten es „Karoo Art Hotel". So ist es heute ein schriller Ort, den niemand in der Karoo vermuten würde. Inzwischen wieder verkauft, hat das Haus sein besonderes Flair bewahrt. Die meisten der Kunstwerke lassen sich im Übrigen käuflich erwerben, sodass sich das Hotel stets mit einem etwas veränderten Gesicht präsentiert. Das Restaurant bietet eine vorzügliche bodenständige Küche.

Gleich gegenüber befindet sich die Galerie des Kunstkollektivs Magpie. Einigen jungen Männern wurde die Szene in Kapstadt zu trubelig und so verlegten sie ihre Produktion ins beschauliche Barrydale. Aus alten Plastikflaschen, Metallresten und vielen anderen Materialien, die anderswo im Abfall gelandet wären, kreieren die Designer verrückte Möbel und Lampen, die in jedem Wohnzimmer ein Hingucker sind.

Bei einem Rundgang durch das Städtchen begegnet man vielen alten Häusern, etliche davon noch aus dem 19. Jahrhundert mit reizvollen viktorianischen Terrassen. Im Mittelpunkt wie in so vielen Orten der Karoo steht die reformierte Kirche aus der Zeit um 1900, die heute viel zu groß anmutet. Der Ort wirkt ein wenig, als sei die Zeit stehengeblieben – nur an der Hauptstraße befinden sich ein paar Geschäfte und Restaurants, die an Wochenenden von Ausflüglern gerne besucht werden.

Guten Appetit!

Wenige Kilometer außerhalb von Barrydale liegt das Weingut Joubert-Tradauw. Der Wein ist passabel, das zugehörige Bistro bietet erstklassige südafrikanische Küche, modern interpretiert. Es wird geführt von Beate Joubert, die das vielleicht beste aktuelle südafrikanische Kochbuch mit bodenständigen und gleichzeitig raffinierten Rezepten geschrieben hat. Besonders empfehlenswert der „R62 Platter", vielerlei kleine delikate Verführungen.

Eine Institution an der Route 62 ist Ronnies Sex Shop, einige Kilometer hinter Barrydale in Richtung Ladysmith „in the middle of nowhere". Der Gründer Ronnie Price wollte ursprünglich frische Produkte der umliegenden Farmen verkaufen, doch der kleine Laden lief überhaupt nicht. Erst als seine Freunde in einer Nacht-und-Nebel-Aktion das Wort Sex an die Fassade malten, wurde er zur landesweiten Attraktion.

Sex sells!

Sex sells – auch wenn es keinen gibt! Ein Pub war schnell eröffnet und Ronny sammelt seither Büstenhalter, hängt diese zur Deko an die Decke. Wie die Visitenkarten aus aller Welt an den Wänden zeigen: die Attraktion an der Route 62!

Ronnies Sex Shop: die Bar

INFO

Lage: Barrydale liegt etwa 250 Kilometer westlich von Kapstadt und ist über die R62 sowie von Swellendam über den eindrucksvollen Tradouwpass zu erreichen,

Aktivitäten:

- Galerie Magpie: schrille Kunst; 27 Van Riebeeck Street, Barrydale, 6750, Tel. +27 82 939 5345, *magpieartcollective.business.site*
- Weingut Joubert-Tradauw : alteingesessen, mit dem empfehlenswerten Restaurant R62 Deli Alfresco; Tradouw Valley, R62, Barrydale, 6750, Tel. +27 82 304 9000, *joubert-tradauw.com*
  Das Kochbuch von Beate Joubert heißt „Taste the Little Karoo", und ist vor Ort gedruckt erhältlich, in Deutschland als E-Book.

Unterkünfte:

- Karoo Art Hotel: 30 Van Riebeeck Street, Barrydale, 6750, Tel. +27 82 441 9143, *karooarthotel.co.za*
- Blue Cow: Gästefarm mit Unterkunft und Coffee Shop; Corner Van Collier Street und Villiers Street, Barrydale, 6750, Tel. +27 67 971 6773, *bluecowbarrydale.com*
- mehrere weitere Gästehäuser im Ort

Restaurants:

- Mez Karoo Kitchen: gute Karoo-Küche; 24 Van Riebeeck Street, Barrydale, 6750, Tel. +27 82 077 5980, *mez-karoo-kitchen.business.site*
- Diesel & Crème Vintage Diner: origineller Stopp auf der R 62; 2 Tennant Street, Barrydale, 6750, Tel. +27 28 572 1008, *dieselandcreme.co.za*
- Ronnies Sex Shop: Pub 26 Kilometer außerhalb von Barrydale an der R26 in Richtung Ladysmith, Tel. +27 28 572 1153

Websites:

- *visitswellendam.co.za/barrydale*
- *barrydale.org.za*

26. Die Straussenbarone von Oudtshoorn

Oudtshoorn war einmal eine reiche Stadt. Der Verkauf von Straußenfedern brachte um 1900 viel Geld nach Südafrika. Die Farmer und Händler – die Straußenbarone – bauten palastähnliche Villen. Heute ist der Federboom Geschichte, doch ist die Straußenzucht rund um Oudtshoorn nach wie vor ein einträgliches Geschäft.

Die Generäle des Kaisers Franz Josef trugen sie auf dem Haupt, aber auch amerikanische Freimaurer oder Damen der Pariser Halbwelt: Straußenfedern. Was zunächst nur eine Jagdtrophäe war, avancierte im 19. Jahrhundert zum gefragten Modeaccessoire. So begehrt, dass der flugunfähige Vogel, der größte seiner Art, in freier Wildbahn immer seltener wurde, obwohl er in den Savannen Afrikas eigentlich weit verbreitet war.

Straußenfarm vor der Kulisse der Swartberge

So begann man in den 1860er-Jahren, den leicht zähmbaren Afrikanischen Strauß auf Farmen zu halten und zu züchten. Die Kleine Karoo rund um Oudtshoorn erwies sich dafür als besonders geeignet. Als Futter für die Tiere wurde und wird Luzerne angebaut, eine Kleeart, die auch unter dem Namen Alfalfa bekannt ist. Als 1869 der Brutkasten für Straußeneier erfunden wurde, nahm die Zucht einen enormen Aufschwung. Ein wahrer Boom begann. Zuchtvögel erzielten Preise von bis zu 1000 Britischen Pfund pro Paar, seinerzeit ein enormes Vermögen.

Jüdische Familien aus Litauen wanderten zu, organisierten den Export der Federn und erwarben nach und nach auch Farmen. Zeitweise wurde Oudtshoorn Klein-Jerusalem genannt. Anfang des 20. Jahrhunderts entstanden prunkvolle „Federpaläste", reich dekorierte Villen, die zum Teil heute noch stehen. Vor dem Ersten Weltkrieg standen Straußenfedern nach Gold, Diamanten und Wolle an vierter Stelle in der Rangliste südafrikanischer Exporte. Oudtshoorn wurde zu einer reichen Stadt.

Neugierige ...

Mit dem Ausbruch des Ersten Weltkriegs hatte der Straußenfederboom ein Ende. Viele Farmen und Unternehmen gingen bankrott. Doch einige Farmer und Geschäftsleute waren zäh genug, ökonomisch zu überleben. Jetzt waren es nicht mehr die Federn, sondern das Leder, welches als Luxusprodukt gefertigt und exportiert wurde. In der zweiten Hälfte des 20. Jahrhunderts wurde auch Straußenfleisch ein begehrter Exportartikel. Es hat kaum Fett und ist frei von Cholesterin. So steht die Straußenzucht heute recht gut da. Auf etwa 200 Farmen werden die Vögel gezüchtet. Und Oudtshoorn ist in der Weiterverarbeitung der Produkte technisch weltweit führend.

... Strauße

Auf mehreren Showfarmen wird dem Besucher viel Wissenswertes zur Straußenzucht vermittelt. Die Führer geben Informationen zur

Strauße werden wegen ihres Leders und Fleisches gezüchtet.

Eigenart und zum Verhalten der Tiere, zeigen die Nester und die beeindruckend großen Eier. Sie führen die Gäste auch zu den Brutmaschinen, und wer sich traut, darf die skurrilen Laufvögel auch einmal füttern. Die früher recht populären Ritte auf dem Rücken der Strauße sind mittlerweile verpönt.

Authentischer ist es, sich die Aufzucht der Strauße in einer „Working Farm" zeigen zu lassen. Etliche Farmen betreiben heute als zweites Standbein Gästehäuser und bieten den Übernachtungsgästen auch die Möglichkeit, sich über die Farm führen zu lassen.

INFO

Lage: Oudtshoorn liegt etwa 420 Kilometer östlich von Kapstadt und ist der touristische Endpunkt der landschaftlich attraktiven R62.

Unterkünfte: Gästehäuser in der Umgebung von Oudtshoorn auf einer aktiven Straußenfarm mit Gelegenheit zur Farmbesichtigung sind:

- Mooiplaas: mit Restaurant; Volmoed, off R328, Tel. +27 44 279 4019, *mooiplaasguesthouse.co.za*

- De Denne: mit Restaurant; Volmoed, off R328, Tel. +27 72 703 0488, *dedenne.com*

Gästehäuser in historischen Federpalästen:

- Welgeluk Feather Palace: Nähe Safari Show Farm, off Welgeluk Road, Tel. +27 44 272 6400, *welgelukfeatherpalace.co.za*
- Rietfontein Ostrich Palace: mit Restaurant; off R62, 34 Kilometer westlich Richtung Calitzdorp, Tel. +27 44 050 1109, *rop.co.za*
- Bakenskraal Ostrich Palace, off N12, sechs Kilometer in Richtung George, +27 73 614 5405, *bakenskraal.com*

Showfarmen:

- Safari: mit Restaurant, geführte Tour mit Traktor; acht Kilometer südlich von Oudtshoorn an der R328, Tel. +27 44 272 7312, *safariostrich.co.za*
- Highgate: mit Restaurant; zwölf Kilometer südlich von Oudtshoorn, Volmoed, off R328 ,Tel. +27 44 272 7115, *highgate.co.za*
- Cango Ostrich Show Farm: mit Restaurant, Führungen; Shoemanshoek, an der R328 15 Kilometer nördlich von Oudtshoorn, Tel. +27 44 272 4623, *cangoostrich.co.za*

Aktivitäten:

- CP Nel Museum: präsentiert zahlreiche Exponate aus der Blütezeit der Stadt und gibt Informationen zur Straußenzucht; 3 Baron van Rheede Street, Oudtshoorn, 6620, Tel. +27 44 272 7306, *cpnelmuseum.co.za*
- Meerkat Experience: Eine äußerst beliebte Attraktion im Umland von Oudtshoorn sind geführte Ausflüge im Morgengrauen zur Beobachtung der possierlichen Erdmännchen, auf Afrikaans Meerkat. Über Zeitpunkt und Ort informieren die Veranstalter. Vorreservierung ist zwingend erforderlich. De Zeekoe Guest Farm: „Five Shy Meerkats“: Tel. +27 84 772 9678, *fiveshymeerkats.co.za*; Buffelsdrift Game Lodge: Tel. +27 44 272 0000, *buffelsdrift.com*

Website: *oudtshoorn.com*

27. Swartberge: Strassen zur Hölle

Die Hel, auf Deutsch die Hölle, heißt ein entlegenes, heute unbewohntes Tal in den Swartbergen. Diese Bergkette mit einer spektakulären Landschaft trennt die Kleine von der Großen Karoo. Mitten hindurch führt eine grandiose Bergstraße aus dem 19. Jahrhundert, eine Meisterleistung des Straßenbauers Thomas Bain.

Wie eine scheinbar unüberwindliche Schranke überragen die zuweilen von Schnee bedeckten Swartberge die Ebenen der Kleinen Karoo, die sich zwischen Montagu und Oudtshoorn aneinanderreihen. Mehrfach übersteigen die Gipfel die 2000-Meter-Marke, der höchste misst 2335 Meter.

Eine Herausforderung für den Fahrer

In dieser rauen Bergwelt fanden in den 1840er-Jahren burische Siedler einen Platz, wo sie sich auf der Suche nach einem gottgefälligen Leben niederlassen konnten. In einem fruchtbaren Tal bauten sie Weizen, Roggen und Tabak für den Eigenbedarf an, pflanzten Obst- und Nussbäume und hielten ein paar Ziegen. Die Dinge, die sie nicht selbst herstellen konnten, erwarben sie mit dem spärlichen Erlös aus dem Verkauf von Trockenfrüchten und Honig. Mehr konnten sie mit ihren Eseln nicht auf den Markt bringen, denn Gamkaskloof, wie das Tal hieß, war nur über einen steilen Bergpfad zu erreichen. Ein Inspektor, der den Viehbestand auf den Farmen regelmäßig kontrollieren musste, bezeichnete den Pfad als einen Weg „einmal zur Hölle und zurück". Der Name „Die Hel" hat sich bis heute gehalten.

Erst 1962 wurde eine schmale Straße gebaut, die vom Swartberg Pass in mehr als 200 Kurven steil in das Tal hinabführt und dabei

Moderne „Kunst" am Rande der Straße

über 1000 Höhenmeter überwinden muss. Für die 39 Kilometer rechnet man zwei bis zweieinhalb Stunden. Doch trotz Straße war das Leben in der Hölle nicht mehr attraktiv. Nach und nach verließen die Bewohner die Einöde. Die letzte Farm wurde 1991 aufgegeben.

Die verlassenen Gebäude wurden zu einfachen Unterkünften für Touristen ausgebaut. Gamkaskloof wurde Teil des Swartberg Nature Reserve, das seit 2004 zum UNESCO-Weltnaturerbe zählt. Die Gegend lädt zum Wandern und Touren mit dem Mountainbike ein, auch wenn sie 2019 von einem großen Buschbrand zerstört wurde. Aber zyklisch auftretende Feuer sind im Fynbos normale Naturerscheinungen. Nach kurzer Zeit schon wird die Vegetation in neuer Schönheit erblühen.

Die Passstraße über den Swartbergpass ist die vielleicht spektakulärste Bergstraße in ganz Südafrika. Sie führt von Oudtshoorn nach Prince Albert in der Karoo und wurde 1881 unter der Leitung des Ingenieurs Thomas Bain gebaut, der zuvor schon eine Reihe anderer Gebirgs- und Passstraßen errichtet hatte. Bis zu 13,5 Meter Höhe erreichen die Trockenmauern, die nötig waren, die Fahrbahn und die Serpentinen abzustützen. Das Baumaterial musste mit Ochsenkarren herangeschafft oder an Ort und Stelle aus dem Felsen

Haarnadelkurven führen zur Passhöhe

Einsames Farmhaus vor der Kulisse der Berge

gehauen werden Fünf Jahre lang schufteten 200 Sträflinge mit einfachsten Werkzeugen, um die Straße zu bauen, bis schließlich 1886 der erste Ochsenwagen passieren konnte.

Damals dauerte die Passage über die Swartberge noch einen ganzen Tag oder auch mehr. Bis heute ist die Straße weitgehend in ihrem ursprünglichen Zustand. Sie ist nicht asphaltiert, aber auch für normale Pkw mit der gebotenen Vorsicht zu befahren. Die reine Fahrzeit beträgt etwa zwei Stunden, doch sollte man sich mehr Zeit nehmen. Denn die Panoramen, die sich beim Aufstieg aus der Kleinen Karoo ergeben, sind atemberaubend. Immer wieder wird man anhalten, um den Blick in die fruchtbaren Täler und die Vorberge zu genießen. Und hat man die Höhe erst einmal erreicht, so faszinieren die bizarren Felsformationen nach jeder Kurve aufs Neue.

INFO

Lage: Der Swartbergpass verbindet die Städte Oudtshoorn und Prince Albert. Die Straße trägt die Bezeichnung R328 und ist zwischen Oudtshoorn und dem Fuß des Passes asphaltiert, dann Schotter, aber auch für Pkw befahrbar. Für die Fahrt in das Naturschutzgebiet de Hel ist ein SUV oder ein Geländewagen notwendig.

Aktivitäten:

- Gamkaskloof Nature Reserve (Die Hel): Teil des Swartberg Nature Reserves, Buchung von Permits unter Tel. +27 87 087 8250 und Tel +27 87 087 3943
- Donkey Trail: Wanderung auf dem alten Verbindungsweg von Calitzdorp nach Gamkaskloof, bei der das Gepäck auf Eseln transportiert wird; Vier-Tages-Programme; Erika Calitz, Living Waters Mountain Estate, Groenfontein, Calitzdorp, 6660, Tel. +27 73 593 4007, *donkeytrail.com*
- Cango-Höhlen: Vor der Auffahrt zum Swartbergpass bietet sich ein Abstecher in die Unterwelt an, ein Besuch der bekanntesten Tropfsteinhöhle in Südafrika; R328 Cango Valley, Oudtshoorn, 6625, Tel. +27 82 303 0029
- Rundfahrt durch die Swartberge: Eine schöne Tagestour führt von Oudtshoorn nach Prince Albert, von dortnach Klaarstroom und über den Meiringspoortpass nach Oudtshoorn zurück. Auch als geführte Tour mit Kleinbussen zu buchen bei True South Travel, Tel. +27 82 461 8253, *truesouthtravel.co.za*

Unterkünfte:

- Cottages in Gamkaskloof: Im Naturreservat steht eine Reihe von einfachen Unterkünften mit Selbstverpflegung zur Verfügung. Buchungen über die Website von Cape Nature (s. u.)
- Mont d'Or Swartberg Hotel: Traditionshotel unter Denkmalschutz; 77 Church Street, Prince Albert, 6930, Tel. +27 23 5411 332, *swartberghotel.co.za*
- Dennehof Karoo Guest House:in einem denkmalgeschützten Farmhaus; 21 Christina de Wit Street, Prince Albert, 6930, Tel. +27 23 541 1227, *dennehof.co.za*
- Wildehondekloof: privates Naturreservat auf der Südseite des Swartbergpasses, wunderschön gelegen und sehr elegant; Matjiesrivier District, Oudtshoorn, 6620, Tel. +27 82 551 3019, *whkloof.co.za*

Website: *capenature.co.za/reserves/swartberg-nature-reserve*

Garden Route

Die bekannteste Ferienstraße Südafrikas führt von Port Elizabeth, das seit 2020 offiziell Gqeberha heißt, nach Mossel Bay. Dabei passiert sie bekannte Ferienorte wie Plettenberg Bay, Knysna, Wilderness und George, wo wohlhabende Südafrikaner gerne Urlaub machen, Golf spielen und sich zur Ruhe setzen. Von Interesse sind vor allem die Strände und die Küste. Und die Route durch das ursprüngliche Tal Baviaanskloof ist eine lohnende Alternative im Hinterland.

Im Addo-Nationalpark

Garden Route

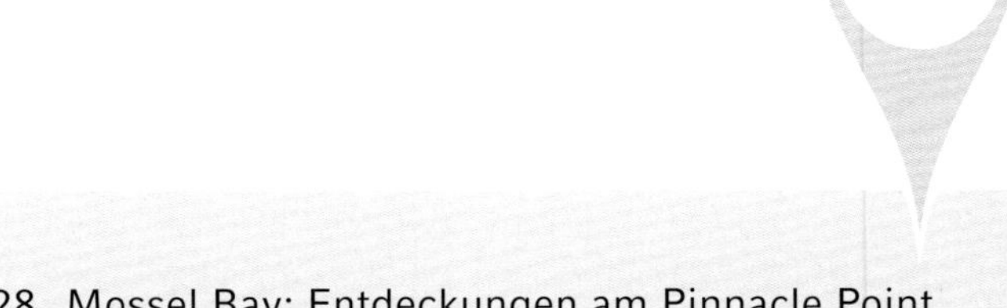

28. Mossel Bay: Entdeckungen am Pinnacle Point
29. Gondwana und Botlierskop: Wildreservate privat
30. Klippen und ein Traumstrand auf der Halbinsel Robberg
31. Tsitsikamma: mit und ohne Adrenalin
32. Baviaanskloof: die Alternative zur Garden Route
33. Elefanten, soweit das Auge reicht: der Addo-Nationalpark
34. Wander-Dünen: das Alexandria Dune Field

Victoria West
Richmond
Loxton
NORTHERN CAPE
Middelburg
Hofmeyr
New Bethesda
Cradock
Beaufort West
Graaff Reinet
Aberdeen
Somerset East
EASTERN CAPE
WESTERN CAPE
Prince Albert
Willowmore
Steytlerville
Kirkwood
Calitzdorp
De Rust
Addo
Oudtshoorn
Uniondale
Patensie
Colchester
Louterwater
Joubertina
George
Kareedouw
Port Elizabeth
Knysna
Humansdorp
Wilderness
Plettenberg Bay
Jeffreys Bay
Mossel Bay
St Francis Bay
Indischer Ozean
28
29
30
31
32
33
34

28. MOSSEL BAY: ENTDECKUNGEN AM PINNACLE POINT

Die Bucht von Mossel Bay bot vor 500 Jahren portugiesischen Seefahrern auf dem Weg nach Indien Rast- und Verpflegungsmöglichkeiten. In einem Baum hinterließen sie Nachrichten für nachfolgende Schiffe. Dieser Baum steht noch. Doch für die Forschung bedeutender sind Funde in der Höhle am nahen Pinnacle Point.

Küstenlandschaft am Pinnacle Point

Mossel Bay ist eine hybride Stadt. Einerseits Hafen- und Industriestadt, die von der Erdgasförderung und -verflüssigung lebt. Zum Zweiten ein beliebter Ferienort mit schönem Strand, Apartmenthochhäusern und einem ansprechenden touristischen Angebot.

Und es ist ein historischer Ort mit einem uralten Baum, in dessen Ästen portugiesische Seefahrer seit 1501 Nachrichten für nachfolgende Schiffe hinterließen. Die Bucht bot gute Möglichkeiten, Wasser und Verpflegung für die monatelangen Seereisen um Afrika herum nach Indien und Ostasien aufzunehmen. Ein kleines Museum zeigt die Nachbildung der Karavelle, mit der der Portu-

Post Office Tree

giese Bartolomeu Dias im Jahr 1488 als erster Europäer die Südspitze Afrikas umsegelte. Heute ist es kaum glaublich, dass die Seefahrer in solchen Nussschalen die halbe Welt bereisten, unerschrocken und mutig aufbrachen in ferne Welten voller Gefahren durch feindlich gesinnte Bewohner, wilde Tiere und unbekannte Krankheiten.

Felsen und Höhlen über der Küste

Aber das sind lediglich historische Anekdoten. Der Platz, der Mossel Bay auf die Warteliste zum UNESCO-Welterbe gebracht hat, liegt einige Kilometer vom Zentrum entfernt am Ortsrand oberhalb der felsigen Küste des Indischen Ozeans. Die Pinnacle-Point-Höhle ist eine der wichtigsten Fundstätten weltweit für die Frühgeschichte der Menschheit.

Ausgrabungen unter der Leitung des amerikanischen Archäologen Curtis Marean wiesen nach, dass hier bereits vor mehr als 160.000 Jahren Menschen lebten – nicht sehr lange, nachdem die anatomische Entwicklung des modernen Menschen vor etwa 200.000 Jahren abgeschlossen war. Das moderne kognitive Verhalten und die Fähigkeit zum symbolischen Denken kamen erst später hinzu, die Voraussetzung für Sprache, Kunst und Religion. Lange Zeit war die Wissenschaft der Meinung, dass der letzte Schritt zum

Leuchtturm am Kap St. Blaize

Verhalten des modernen Menschen erst vor wenigen zehntausend Jahren gegangen wurde.

Diese These wird durch Funde der letzten 20 Jahre am Pinnacle Point und an anderen archäologischen Stätten im Süden Südafrikas erschüttert. Die Pinnacle-Point-Höhle ist der älteste bekannte Ort, an dem die Menschen nachweisbar die Ressourcen des Meeres nutzten. Die Bewohner ernährten sich von Muscheln, die nicht nur aufgesammelt, sondern aktiv geerntet werden mussten. Zudem nutzten sie schon damals Feuer zur Härtung von Stein, um kleine Werkzeuge herzustellen, gut hunderttausend Jahre früher als bisher bekannt. Und man verwendete hier schon vor 160.000 Jahren Ocker als Farbstoff. Auch wenn man nicht genau weiß wofür, so ist dies doch ein Beweis für erste Anfänge symbolischen Denkens, das über rein impulsgesteuertes Verhalten hinausgeht. Die Funde und Schlüsse der Archäologen im Süden Südafrikas haben in den letzten beiden Jahrzehnten unsere Erkenntnisse enorm vorangebracht.

Mossel Bay

Während die meisten der Fundstellen vorerst der Forschung vorbehalten bleiben, lässt sich die Pinnacle-

Point-Höhle besichtigen. Die Touren beginnen am Clubhaus des Pinnacle Point Golfclubs und führen über einen steilen Treppenweg hinunter zu den Küstenfelsen. Auch wenn man nichts Steinzeitliches sehen kann, so ist der Besuch dieses Ortes eine Exkursion in eine noch kaum bekannte Welt, der die archäologische Forschung auch in Zukunft noch viele Geheimnisse entlocken wird.

INFO

Lage: Mossel Bay liegt auf halben Wege zwischen Kapstadt und Port Elizabeth, 385 Kilometer bzw. 365 Kilometer entfernt. Je nach Perspektive beginnt oder endet in Mossel Bay die Garden Route.

Aktivitäten:

- Museum: Der Nachbau der Karavelle des Bartolomeu Dias ist zu sehen im Dias Museum; 1 Market Street, Mossel Bay, 6500, Tel. +27 44 691 1067, *diasmuseum.co.za*
- Pinnacle Point Tours: Alle Touren beginnen am Clubhaus des Pinnacle Point Golfclubs, Mossel Bay, 6511, Geführte Touren dauern etwa 1,5 Stunden. Sofern er nicht verhindert ist, bietet der Archäologe Peter Nilssen Führungen zwischen zwei und vier Stunden Dauer an. Voranmeldung zwingend erforderlich, telefonisch oder über die Webseite, Tel. +27 79 640 0004, *humanorigin.co.za*
- In Mossel Bay sind eine Vielzahl von verrückten und weniger verrückten Aktivitäten möglich: Sandboarding und Fallschirmspringen, Haibeobachtung aus der Luft oder unter Wasser, eine rasante Fahrt an einer Zipline 1100 Meter über das Meer ...
- Wandern: Eine traumhafte Wanderung, die aber eine gewisse Fitness voraussetzt, ist der St.Blaize Trail, der von Mossel Bay in etwa sechs Stunden die Küste entlang nach Dana Bay führt.

Unterkünfte und Restaurants: Mossel Bay besitzt als traditioneller Ferienort zahlreiche Hotels und Unterkünfte aller Art sowie viele Restaurants.

Website: *visitmosselbay.co.za*

29. Gondwana und Botlierskop: Wildreservate privat

Eine Südafrikareise ohne eine Fotosafari ist wie eine Suppe ohne Salz. Doch wurde in der Kapprovinz im 18. und 19. Jahrhundert das Großwild fast völlig ausgerottet. Da sich die traditionelle Landwirtschaft vielerorts nicht mehr rentierte, haben mutige Unternehmer und Naturschützer im Hinterland von Mossel Bay Wildschutzgebiete ins Leben gerufen.

Der Weckruf ertönt schon im Morgengrauen, früh aufzustehen ist Pflicht! Vor der Lodge treffen sich einige müde und leicht verfrorene Gäste, doch eine Tasse Kaffee und ein Zwieback machen sie schnell munter. Die Autos stehen schon bereit und kurz nach Sonnenaufgang geht es los. Der kühle Fahrtwind bläst den Gästen um die Nase, denn die Fahrzeuge haben kein Verdeck. Bald sind die ersten Antilopen erspäht, Zebras, Elefanten, Giraffen, Nashörner, schließlich die Löwen. Die Tiere haben keine Angst vor Autos und erstklassige Fotos sind garantiert! Nach zwei bis drei Stunden geht es zur Lodge zurück und ein üppiges südafrikanisches, cholesterinlastiges Frühstück wartet auf die Gäste.

Kap-Bergzebras

Alltag in einem privaten Wildreservat! Das Gondwana Game Reserve wurde im Jahr 2004 von Mark und Wendy Rutherford auf dem Gelände von drei Schaf- und Rinderfarmen gegründet, später durch Zukäufe auf seine jetzige Fläche von etwa 11.000 Hektar erweitert. 2008 wurden die ersten Gäste empfangen. Inzwischen gibt eine Lodge mit 14 Zimmern, mehrere Villen und ein komfortables Eco-Bushcamp mit Zelten. Anders als in den meisten Nationalparks und öffentlichen Naturschutzgebieten werden den Gästen neben den klassischen Wildbeobachtungsfahrten am Morgen und Nachmittag auch Safaris zu Fuß oder zu Pferd oder abends während der Dunkelheit angeboten.

Wildreservat Botlierskop

Mit 4200 Hektar deutlich kleiner, besitzt das landschaftlich reizvolle Botlierskop Private Game Reserve zwei komfortable Lodges und acht Villen, außerdem ein Spa. Die angebotenen Aktivitäten sind ähnlich, doch empfängt Botlierskop im Gegensatz zu Gondwana auch Tagesbesucher, die nicht im Reservat übernachten. Beide Reservate bezeichnen sich als Big-Five-Reserve, die die fünf spektakulärsten Tierarten besitzen: Elefanten, Nashörner, Büffel, Leoparden und Löwen.

Seit 1980 ist immer mehr Farmland zu privaten Wildreservaten umgewandelt worden. Nicht weil sich der klassische Farmbetrieb nicht mehr rentierte,

Gediegener Komfort erwartet die Gäste.

sondern weil eine touristische Nutzung deutlich höhere Erträge verspricht, wenn das Reservat ordentlich gemanagt wird. Für die Besucher ist der Umstand, dass es sich um früheres Weideland handelt, sogar von Vorteil, denn auf den offenen Flächen lassen sich die Tiere wesentlich besser beobachten als im Buschland der staatlichen Schutzgebiete.

Manche bezeichnen solche Wildreservate als Safariparks. Völlig unrecht haben diese Puristen nicht, denn in der Tat handelt es sich nicht um verbliebene Reste einer einst scheinbar unbegrenzten Wildnis. Die Tiere wurden auf dem freien Markt in anderen Schutz-

Wasserböcke

gebieten oder Wildfarmen erworben. Doch gehen die Betreiber mit großem Enthusiasmus an ihre Aufgaben. Sie investieren viel Arbeit in die Renaturierung der Farmen, beseitigen Pflanzen, die nicht nach Afrika gehören, beteiligen sich an wissenschaftlichen Forschungsprogrammen. Ohne Begeisterung der Betreiber für den Naturschutz ist ein Wildreservat nicht erfolgreich!

Vor allem für den Schutz der Nashörner sind die verstreuten privaten Reservate essenziell. Denn sie sind extrem bedroht – in China und Vietnam gilt Nashornpulver als Wundermittel! So wurden in den zehn Jahren zwischen 2012 und 2021 nahezu 10000 Tiere gewildert – trotz intensivsten Schutzes. Private Wildreservate lassen die Nashörner in der Regel rund um die Uhr überwachen – und tragen damit zur Rettung dieser eindrucksvollen Tiere bei.

Wo bleibt das Frühstück?

INFO

Lage: Die genannten Game Reserves befinden sich – neben anderen – im Hinterland von Mossel Bay auf halbem Wege zwischen Port Elizabeth und Kapstadt.

Private Wildreservate:

- Gondwana Game Reserve: komfortabel und erstklassig; R327, Heunigklip Farm, Herbertsdale, 6505, Auskünfte und Buchungen Tel. +27 21 555 0807, *gondwanagr.co.za*
- Botlierskop Private Game Reserve: luxuriöse Unterkünfte und ein familienfreundliches Besucherzentrum für Tagesgäste mit Restaurant und Schwimmbad; Gonnakraal Road, Little Brak River, 6503, Tel. +27 44 333 0021, *botlierskop.co.za*
- Garden Route Game Lodge: familienfreundlich mit eigenen Kinderprogrammen und vergleichsweise preisgünstige Unterkünfte; Wildbeobachtungsfahrten für Tagesbesucher; N2, Albertinia, 6695, Tel. +27 28 735 1200, *grgamelodge.co.za*

Website: *visitmosselbay.co.za*

30. Halbinsel Robberg: Klippen und ein Traumstrand

Die Garden Route ist bekannt für ihre reizvolle Küstenlandschaften. Von allem das Beste bietet eine Wanderung auf der Halbinsel Robberg bei Plettenberg Bay: steile Klippen, Robben und Seevögel, eine hohe Düne und einen fantastischen Strand.

Fynbos bedeckt die Halbinsel Robberg.

Als Ferienziel und Alterssitz sind die Orte an der Garden Route bei Südafrikanern sehr beliebt. Die Immobilienpreise zählen zu den höchsten des Landes, erreichen bald das Niveau der reichsten Vororte von Johannesburg oder Kapstadt. Für den Besucher sind viele dieser zersiedelten Landschaften wenig attraktiv. Die Schönheit der Küstenlandschaft kann nur noch an wenigen Orten genossen werden. Dazu zählt die Halbinsel Robberg vor den Toren von Plettenberg Bay.

Mit vielen klangvollen Titeln kann dieses Naturschutzgebiet auf einer Halbinsel von gerade einmal vier Kilometern Länge aufwarten: Internationales Biosphärenreservat, Nationaldenkmal, UNESCO-Naturerbe der Menschheit. Diese Ansammlung von ehrenvollen

Ein Bohlenweg schützt die Vegetation.

Bezeichnungen verdankt die Halbinsel vor allem dem Umstand, dass an der Küste der Garden Route nicht mehr viel Naturlandschaft übrig geblieben ist und der Naturschutz seine Anstrengungen umso mehr auf diesen Solitär konzentriert.

Um die Schönheiten des Naturschutzgebietes zu erleben, muss man wandern. Drei Wanderwege sind ausgewiesen: eine Schnupperwanderung von einer Stunde Dauer, ein bequem zu begehender Rundweg von etwa zwei Stunden und eine anspruchsvolle Route bis zum Kap, die zwar nur knapp zehn Kilometer misst, für die man jedoch mindestens vier Stunden plus Pausen einplanen sollte. Gutes Schuhwerk, ein wirksamer Sonnenschutz und ausreichend Wasser sind mitzunehmen. Denn wegen der niedrigen Fynbosvegetation sind die Wege völlig schattenlos. Auch wenn es windig ist: Die Sonne brennt!

Vom Parkplatz führt der Weg auf der Höhe der Klippen durch dichtere Vegetation zu einem Aussichtspunkt an einer Stelle mit

Blick auf den Dünenstrand

dem Namen „The Gap“. Von hier bietet sich ein toller Blick über den Robberg-Strand, Plettenberg Bay und das Meer bis zu den Tsitsikammabergen. Wer nicht weiter gehen möchte, kann auf einem zweiten Weg in einer halben Stunde wieder zum Ausgangspunkt zurückspazieren.

Nach einer weiteren halben Stunde wird eine Stelle namens Witsand erreicht. Eine Wanderdüne ist hier etwa hundert Höhenmeter den Hang hinaufgekrochen. Über die Düne kann man den Weg abkürzen und zum Strand absteigen.

Wer den Ehrgeiz hat, die gesamte Runde zu machen, bleibt zunächst auf der Höhe. Immer wieder ergeben sich Blicke auf die felsige Küste und die Robbenbänke, die der Halbinsel den Namen gegeben haben: Auf etwa 5000 Seebären wird der Bestand hier geschätzt. In der Saison von Juni bis Oktober lassen sich auch immer wieder Wale vor Robberg blicken. Unterhalb des Leuchtfeuers senkt sich der Weg dann zum Meer. Von der Spitze folgt der Rückweg jetzt der Südküste. Er führt über Felsen und Bohlenwege, wobei sind auch einige schwierigere Passagen zu bewältigen sind.

Auf der Hälfte des Rückwegs vom Kap, nach etwa drei Stunden Wanderdauer, breitet sich ein weitläufiger Strand aus. Ideal geschaffen für eine Rast, ein Picknick und zum Abkühlen der Füße im Meer! Der Strand verbindet die Halbinsel mit einer vorgelagerten „Insel", die von den Unermüdlichen auf einem Bohlenweg umrundet werden kann. Nach der Pause geht es dann zunächst noch am Meer entlang, dann auf einem Treppenweg zu „The Gap" und zurück zum Parkplatz. Eine Runde voller fantastischer Eindrücke!

Wer noch Sinn für Kultur und Anthropologie hat, sollte einen Stopp an Nelson's Cave unterhalb der Straße zwischen Tor und Parkplatz einlegen. Schautafeln informieren über diese wichtige prähistorische Fundstätte aus der Frühzeit des Menschen vor 120.000 Jahren.

INFO

Lage: Die Halbinsel Robberg liegt acht Kilometer südlich von Plettenberg Bay, etwa 240 Kilometer westlich von Port Elizabeth.

Aktivitäten in Plettenberg Bay:

- Im größten Ferienort der Garden Route bieten sich zahlreiche Möglichkeiten, den Urlaub mit oder ohne Nervenkitzel zu gestalten: von einer Runde Golf auf einem Championship Course bis zum Besuch eines Vogelparks oder eines Weinguts.
- Ocean Safaris: beliebt sind Bootsfahrten zur Walbeobachtung (Juni bis November) oder zur Delfinbeobachtung (übrige Monate); 1 Hopwood Street, Plettenberg Bay, 6600, Tel. +27 82 784 5729, *oceansafaris.co.za*
- Mit Robben schwimmen. Anbieter sind zum Beispiel Offshore Adventures, Tel. +27 82 829 0809, *offshoreadventures.co.za*, und Plett Seal Adventures, Tel. +27 79 992 5432, *plettsealadventures.co.za*

Unterkünfte: Plettenberg Bay besitzt als traditioneller Urlaubsort viele Hotels, Gästehäuser und Ferienwohnungen sowie Restaurants aller Preisklassen.

Websites:

- *capenature.co.za/reserves/robberg-nature-reserve*
- *plett-tourism.co.za*

31. Tsitsikamma-Nationalpark: mit und ohne Adrenalin

Über eine Länge von etwa 100 Kilometern zieht sich der Tsitsikamma-Nationalpark westlich von Port Elizabeth die Küste entlang. Die Landschaft an den von Urwald bedeckten Steilhängen über dem Meer ist dramatisch. Von Wanderungen bis zum höchsten kommerziellen Bungee-Sprung der Welt wird dem aktiven Urlauber vieles geboten.

Wanderweg im Küstenregenwald

In der Sprache der Khoi bedeutet Tsitsikamma „Wasser im Überfluss". Und über Trockenheit klagt hier niemand: Mit über 1200 Millimetern Niederschlag im Schnitt gehört die Gegend am Fuße der Tsitsikammaberge zu den regenreichsten des Landes. Die Gebirgskette verläuft parallel zur Küste, die Flussläufe haben tiefe Schluchten ins Land gefräst.

Einst war das Land von artenreichen Regenwäldern bedeckt. Wo sie leicht zugänglich waren, sind sie längst abgeholzt und haben Holzplantagen und Weideflächen Platz gemacht. Nur in den Steillagen an der Küste haben sich Reste des ursprünglichen afromontanen Regenwalds erhalten. Hier findet man heute noch uralte Gelbholzbäume, Schwarzes Eisenholz oder Stinkbäume. 1964 wurde der Küstenstreifen mit den verbliebenen Resten des Urwalds unter Naturschutz gestellt. Im Jahr 2009 schließlich wurde der Tsitsikamma-Nationalpark mit anderen verstreut liegenden Naturschutzgebieten zum Garden-Route-Nationalpark zusammengeschlossen.

Die Flüsse fließen aus den Bergen in teilweise spektakulären Schluchten ins Meer. An der Mündung des Storms River in den Indischen Ozean befindet sich das Besucherzentrum des Nationalparks. Schon vor 50 Jahren kamen junge Leute auf die spleenige Idee, sich auf alten Lkw-Schläuchen zwischen den Felswänden auf dem Fluss bis ans Meer treiben zu lassen. Bis heute ist das „Tubing“ auf dem Storms River, wenn auch mit modernerer und sichererer Ausrüstung, eine der Attraktionen von Tsitsikamma.

Der im Hinterland gelegene Ort Storms River wirbt mit vielerlei Attraktionen, für die mehr oder weniger Mut erforderlich ist: von „Waldspaziergängen“ mit Segways, Kanutouren, Zipline-Touren über den Baumwipfeln bis hin zum weltweit höchsten kommerziell angebotenen Bungee-Sprung von der Bloukransbrücke: Wer sich traut, kann sich hier fast 200 Meter in die Tiefe stürzen. Adrenalin pur!

Schlucht des Storms River

Im Nationalpark selbst locken vor allem die Wanderwege. Ein Muss ist der Spaziergang vom Besucherzentrum über einen gebahnten Weg zur Hängebrücke, die die Mündung des Storms River überspannt. Wer es bequemer mag, kann auch mit dem Boot fahren; wer

Hängebrücke an der Mündung des Storms River

etwas mehr Abenteuer sucht, in einer geführten Tour mit Kanus zum Fluss paddeln. Anspruchsvoller ist der Waterfall Trail, der drei Kilometer die Küste entlang führt – für Hin- und Rückweg sind etwa drei Stunden einzuplanen. Und Kultcharakter hat schließlich der Otter Trail, ein an die 50 Kilometer langer Fernwanderweg, der in fünf Tagen zum Sandstrand des Nature Valley führt.

Außerhalb des Parks auf dem Gelände der Tsitsikamma Lodge befindet sich der Striptease Trail: Er führt in drei bis vier Stunden zu elf im Wald verborgenen Weihern, die Namen wie Bikini Pool, Topless Pool, Bottomless Pool tragen. Zur Etikette gehört es, vor jedem der Seen an einer Glocke zu läuten und innezuhalten – um sicherzugehen, niemanden in einer verfänglichen Situation zu überraschen.

INFO

Lage: Storms River und die Zufahrt zum Tsitsikamma-Nationalpark befinden sich ca. 170 Kilometer westlich von Port Elizabeth und 570 Kilometer östlich von Kapstadt.

Aktivitäten im Nationalpark:

- Wandern: Mehrere Wanderwege sind ausgeschildert. Eine Übersichtskarte ist am Eingang erhältlich. Der fünftägige

Otter Trail ist stark nachgefragt und muss lange im Voraus reserviert werden; Tel. +27 12 426 5111, *specializedreservations@sanparks.org*

- Untouched Adventures: geführte Kanutouren im Park, die neben dem Besucherzentrum im Nationalpark beginnen und zwei bis drei Stunden dauern; Tel. +27 73 130 0689, *untouchedadventures.com*

Aktivitäten außerhalb des Parks:

- Black Water Tubing: „Tubing“ durch die Schlucht des Storms River, Dauer sechs Stunden, ab 12 Jahren in Begleitung von Erwachsenen möglich; Tel. +27 42 281 1757, *www.blackwatertubing.net*
- Tsitsikamma Falls Adventures: Zipline-Tour, acht Kilometer östlich der Paul-Sauer-Brücke der N2 über den Storms River, Tel. +27 42 280 3770, *tsitsikammaadventure.co.za*
- Face Adrenaline: Bungee-Sprung von der Bloukrans-Brücke an der N2; Tel. +27 42 281 1458, *faceadrenalin.com*

Unterkünfte:

- Im Nationalpark komfortable Bungalows verschiedener Kategorien am Meer; Reservierungen über die Reservierungszentrale der Nationalparks unter Tel. +27 12 428 0911, *reservations@sanparks.org* oder online über die Webseite.
- Tsitsikamma Village Inn: originelles Hotel mit Restaurant und Mini-Brauerei, in Storms River, dessen Bungalows verschiedenen Haustypen Südafrikas nachempfunden sind; Darnell Street, Storms River, 6308, Tel. +27 42 281 1711, *tsitsikammavillageinn.co.za*
- Tsitsikamma Lodge: acht Kilometer östlich der Paul-Sauer-Brücke an der N2 mitten im Wald die mit Restaurant und Spa; Tel. +27 42 280 3802, *riverhotels.com/hotels/tsitsikamma-lodge-spa*. Der Striptease Trail führt über das Gelände der Lodge, Permits gibt es an der Rezeption.
- Zahlreiche Gästehäuser im Dorf Storms River

Websites:

- *sanparks.org/parks/garden_route*
- *tsitsikamma.info*

32. Baviaanskloof: die Alternative zur Garden Route

Manchem mutet die Gartenroute mit ihren Ferienhaussiedlungen zu europäisch an. Die Fahrt auf der alten Passstraße durch die Baviaanskloof ist eine fantastische Alternative für die Strecke von Kapstadt nach Port Elizabeth. Ein geländegängiges Fahrzeug ist nötig.

Im Rücken der Garden Route verlaufen drei Bergzüge parallel zur Küste. Zwischen den Kougabergen im Süden und den Baviaanskloofbergen zieht sich auf einer Länge von etwa 150 Kilometern das Tal Baviaanskloof von West nach Ost. Der größte Teil der Gebirgszüge steht unter Naturschutz. Größtes Naturreservat ist das 2700 Quadratkilometer große Baviaanskloof Nature Reserve. Die Landschaft ist hier ist rau und wild und gehört als Teil des Florenreichs des Kaps zum UNESCO-Weltnaturerbe.

Rötliche Felsen am Rande der Straße

Das Tal selbst ist fruchtbar und verfügt über ausreichend Wasser. So haben sich hier schon zu Anfang des 19. Jahrhunderts Siedler niedergelassen und abgeschieden von der Außenwelt ein gottgefälliges Leben geführt. Erst als zwischen 1880 und 1890 nach Planungen des berühmten Ingenieurs Thomas Bain eine Straße durch das Tal gebaut wurde, wurde der Zugang besser, aber keineswegs gut.

Die Orte, an denen die Farmer ihre Erzeugnisse verkaufen konnten, waren weit entfernt, und so mussten sie sich auf hochwertige Güter spezialisieren, die leicht zu transportieren sind. Sie züchteten Strauße und produzierten Seife aus dem Fett geschossener

Paviane. Später verlegten sich etliche Farmen auf die Produktion von Saatgut. Heute versuchen sie es mit Oliven oder mit Lavendel und Rosmarin, um Öle für kosmetische Zwecke zu gewinnen. Außerdem wurden zur Bodenverbesserung sieben Millionen Speckbäume (Portulacaria afra) angepflanzt – Südafrikas Waffe gegen den Klimawandel, da keine andere Pflanze ähnlich viel Kohlenstoffdioxid binden kann. Auch der Tourismus spielt heute eine wichtige Rolle, nahezu jede Farm bietet auch Gästezimmer oder Ferienhäuser an.

Speckbaum

Allein die Fahrt durch das Tal ist ein Erlebnis. Die Straße ist bis heute nicht asphaltiert. Im Osten führt sie am Nuwekloofpass, den man von den Landstädtchen Willowmore oder Uniondale erreicht, in vielen Kehren von der Hochfläche hinunter ins Tal. Atemberaubende Felsformationen prägen das Bild, und es ist immer wieder das Bachbett zu queren. Auf dem Grund weitet sich das Tal, und die Berge machen Platz für einige Farmen. Nach etwa 40 Kilometern wird der Hauptort Studtis erreicht – eine weit auseinander gezogene Streusiedlung.

Aloen

Weitere 20 Kilometer nach Westen befindet sich die Farm Zandvlakte, wo Hans Strijdom aufwuchs, Apartheids-Hardliner und Premierminister in den 1960er-Jahren. Hier beginnt der wildeste Teil der Strecke. Während die Straße ins Tal von Westen her auch für normale Pkw befahrbar ist, kommen

Piste mit Flussdurchfahrt

jetzt nur noch Geländewagen weiter. Die Piste ist schmal, steinig und mit tiefen Löchern versehen. Immer wieder wird sie von Wasserläufen überspült. Auf einer Strecke von 60 Kilometern werden vier Pässe überquert, schwindelerregend im wahrsten Sinne des Wortes. Die oft einspurige Straße führt immer wieder ungesichert am Abgrund entlang, ohne die Möglichkeit, einem entgegenkommenden Fahrzeug auszuweichen. Doch die Panoramablicke und das Landschaftserlebnis sind kaum zu übertreffen. Zu guter Letzt windet sich die Straße vom Combrinkspass über 73 steile Kurven hinab ins Cambriatal und weiter zum Städtchen Patensie.

Für die gesamten 200 Kilometer durch Baviaanskloof muss man acht Stunden reine Fahrzeit rechnen, davon fünf für die Bergstrecke zwischen Zandvlakte und Patensie. Für Motorrad- und Geländewagenenthusiasten, die es gerne etwas rauer mögen, ist die Tour äußerst attraktiv. Doch wäre es verschwendete Zeit, einfach nur durchzurauschen. Dazu ist die Landschaft zu grandios. Nahezu jede Unterkunft bietet eindrucksvolle und herausfordernde Wanderungen in der Umgebung an.

INFO

Lage: Das Tal Baviaanskloof beginnt im Osten etwa 100 Kilometer östlich von Port Elizabeth bei Patensie. Der westliche Zugang beim Nuwekloofpass ist jeweils 150 Kilometer von Oudtshoorn bzw. George entfernt.

Straße durch Baviaanskloof: Durch das Tal führt die nicht asphaltierte Straße R332. Von Westen her kann sie bis zur Farm Zandvlakte mit normalen Pkw befahren werden. Für die Weiterfahrt in Richtung Patensie sind geländegängige Fahrzeuge mit hoher Bodenfreiheit erforderlich. Auf der gesamten Strecke gibt es keine Tankstellen. In der Regenzeit und nach Regenfällen sollten Erkundigungen eingeholt werden, ob die Strecke befahrbar ist.

Aktivitäten:

- Baviaanskloof und die umliegenden Berge sind ein Wanderparadies. Viele Unterkünfte haben Wanderwege auf dem Gelände der jeweiligen Farm markiert.
- Go Baviaans: Tageswanderung zu den Cedar Falls im Westen des Tals; nur mit Übernachtung zu buchen; auch viertägiges Wanderprogramm ‚Leopard Trail' möglich;
Cedar Tourism, Baviaanskloof, 6445, Tel. +27 74 939 4395, *gobaviaans.co.za*
- Baviaans Camino: bietet eine viertägige Wanderung zu Fuß oder auch mit Pferden an, mit einfachen Unterkünften in früheren Farmhäusern, Tel. +27 73 825 0835, *baviaanscamino.com*

Unterkünfte:

- Gästefarm Kamerkloof: Ferienhäuser auf einer Olivenfarm. Auf dem Farmgelände sind mehrere Wanderwege ausgewiesen, darunter Voetpad ze Koof, der historische Zugang zum Tal zur Zeit der Burenkriege; Studtis, Baviaanskloof Heartland, 6451, Tel. +27 83 602 1253, *kamerkloof.co.za*
- Makkedaat Caves: originelle Zimmer in Höhlen im westlichen Teil des Tals, Baviaanskloof 6453;
Tel. +27 44 934 1012, *makkedaat.co.za*
- Baviaanskloof Lodge: Halbpension möglich; Patensie, Cambria (im Osten des Tals), 6335 Tel. +27 83 378 5407, *baviaanskloofldge.com*

Restaurants: sind Mangelware in Baviaanskloof. Wer keine Unterkunft hat, die auch die Mahlzeiten mit anbietet, ist auf Selbstverpflegung angewiesen. Die beiden Läden in Studtis bieten nur eine äußerst beschränkte Auswahl.

Websites:

- *baviaans.co.za*
- *mountainpassessouthafrica.co.za* Die kostenpflichtige Website zeigt eindrucksvolle Bilder und Videoaufnahmen der Bergstraßen.

33. ELEFANTEN, SOWEIT DAS AUGE REICHT: DER ADDO-NATIONALPARK

Bis zu hundert graue Dickhäuter an einem Wasserloch – ein Anblick, den niemand so schnell vergessen wird. Der Addo-Nationalpark in der Nähe von Port Elizabeth scheint für Elefanten ein Paradies zu sein. Kein Ort in Südafrika ist besser geeignet, diese riesigen und bedrohten Tiere aus nächster Nähe zu erleben. Dabei hatte es ganz bescheiden angefangen.

Das Hinterland von Port Elizabeth wurde in der ersten Hälfte des 19. Jahrhunderts von europäischen Siedlern erschlossen. Wilde Tiere sind der Feind des Farmers, und so begann eine unerbittliche Jagd. Der letzte Löwe wurde 1849 geschossen, Nashörner wurden 1853 ausgerottet. Die Elefanten erwiesen sich als etwas widerstandsfähiger, 1918 gab es noch einige Hundert dieser Tiere in der Region. Unter der Leitung des Großwildjägers Jan Pretorius wurde ihre Zahl bis August 1920 auf 16 reduziert.

Schon damals regte sich in der Öffentlichkeit Protest gegen dieses Gemetzel, und einzelne Farmer begannen, die verbleibenden Tiere

Mutter mit Baby-Elefant

Familiengruppe am Wasserloch

aufzunehmen. 1931 wurde schließlich ein Stück Land als Nationalpark ausgewiesen, das gerade einmal 2000 Hektar umfasste. Für die damals noch 11 verbliebenen Elefanten war das Schutzgebiet zunächst einmal ausreichend. Ferngehalten vom umgebenden Farmland und gegen Wilderer geschützt, konnten sich die Bestände allmählich erholen. Erst 50 Jahre nach seiner Gründung wurde der Nationalpark im Jahr 1981 für Besucher geöffnet.

In den 1990er-Jahren kamen dann die großen Visionen. Farmen, die nicht mehr rentabel waren, wurden vom Staat aufgekauft. Bereits bestehende Naturschutzgebiete wurden der Verwaltung des Addo-Nationalparks unterstellt. Der Tierbestand wurde durch die Ansiedlung von Löwen und anderen Wildtieren vergrößert. „Greater Addo“ sollte entstehen und dem berühmten Krüger-Nationalpark Konkurrenz machen. Als Naturreservat mit den „Big Five“, dem Traum eines jeden Großwildjägers und Fotografen (Elefant, Nashorn, Büffel, Löwe und Leopard). Da auch noch Küstenstriche in den Nationalpark eingegliedert wurden, an denen Wale und der Weiße Hai gesichtet werden können, preist sich der Addo-Nationalpark sogar als einziger „Big-Seven“-Park.

Doch der Flickenteppich aus Ländereien, die von der Küste über die Berge bis in die Karoo hineinreichen, ist noch lange nicht zusammengewachsen. Den Kern bildet der alte Nationalpark. Im Jahr 2011 wurde er der für Besucher zugängliche Bereich nach Süden erweitert. Die Zahl der Elefanten ist auf mehr als 600 angewachsen. Im Jahr 2019 wurden zur Blutauffrischung drei Bullen im besten Alter aus dem Tembe-Reservat an der Grenze zu Mosambik nach Addo gebracht. Riesige Tiere mit mächtigen Stoßzähnen, da die meisten der Elefanten in Addo gar keine oder nur verkümmerte haben.

Bis zu hundert Tiere versammeln sich am Wasserloch.

Am leichtesten sind die Elefanten an den Wasserlöchern zu finden, die im Park angelegt werden mussten, da es keine natürlichen Wasserläufe gibt. 60, 70 Tiere, die hier zur gleichen Zeit trinken, baden, spielen und sich mit Schlamm bespritzen, sind keine Seltenheit. Wenn es besonders heiß und trocken ist, sogar bis zu hundert! Im südlichen Teil des Parks gibt es noch große offene Flächen aus der Zeit, als hier das Buschwerk für die Rinderweiden gerodet wurde. Dort lassen sich auch Antilopen, Zebras und Büffel gut beobachten.

Wer nur wenig Zeit zur Verfügung hat, der kann eine Tour der Nationalparkverwaltung buchen. In etwa zwei Stunden fährt man mit offenen Autos durch den Park – da die Ranger wissen, wo die Tiere stehen, sind Sichtungen von Elefanten garantiert. Doch der Park eignet sich ebenso gut für Besucher, die sich auf eigene Faust auf die Suche nach den wilden Tieren begeben. Sie können verweilen, wo und wie lange sie wollen und sich ganz den Stimmen und der Stimmung der Natur hingeben.

INFO

Lage: Das Haupttor zum Nationalpark befindet sich etwa 70 Kilometer nördlich von Port Elizabeth. Weiterer Zugang im Süden des Parks bei Colchester an der N2, 40 Kilometer nordöstlich von Port Elizabeth,

Aktivitäten im Nationalpark:

- Zweistündige organisierte Rundfahrten in offenen Fahrzeugen seitens der Nationalparkverwaltung, für Übernachtungsgäste auch Sundowner- bzw. Nachtsafaris; Tel. +27 42 233 8619, *addogamedrives@sanparks.org*.
- Zahlreiche Unterkünfte und private Veranstalter bieten ebenfalls Halbtages- und Ganztagessafaris an. Zu buchen am einfachsten über die Unterkünfte.

Unterkünfte:

- Im öffentlichen Teil des Nationalparks zwei Rastlager (Main Camp, Mathyolweni).
- Nyathi Rest Camp: nördlich des „öffentlichen" Addo-Nationalpark liegt die exklusivere Nyathi Section, ebenfalls mit einem Rest Camp; *sanparks.org/parks/addo/camps/nyathi*

Außerhalb des Parks zahlreiche Gästehäuser, zum Beispiel

- Woodall Country House: elegant, im alt-englischen Stil; Woodall Farm, Jan Smuts Avenue, Addo, 6105, Tel. +27 42 233 0128, *woodall-addo.co.za*
- Dungbeetle Lodge: familiär; am Ufer des Sunday River, 76 Aquavista Crescent, Colchester, 6175, Tel. +27 82 655 5322, *dungbeetle.co.za*
- Pure Nature Familodge: familienfreundlich, mit einem kleinen privaten Tierreservat; Waggie Road 2, Paterson, 6130, Tel. +27 81 011 3065, *pure-nature-lodge.com*

Restaurant: am Main Camp nahe des Haupteingangs. Die übrigen Camps sind ausschließlich für Selbstverpfleger.

Websites:

- *sanparks.org/parks/addo*
- *addoelephantpark.de* (privat)

34. Wander-Dünen: das Alexandria Dune Field

Sand soweit das Auge reicht. Eine Wanderung durch die Dünen zur Mündung des Sunday River in den Indischen Ozean ist ein Erlebnis von Einsamkeit, Weite und Freiheit. Das Dünenfeld im Osten von Port Elizabeth ist der längste Dünenstreifen im Naturzustand an der südafrikanischen Küste.

Nur wenige Kilometer vom Südausgang des Addo-Nationalparks befindet sich der verschlafene Ort Colchester. Das Ufer des Sunday River säumen Reihen von Wohnhäusern der Mittelklasse, viele davon nur zu Urlaubszeiten belebt. An den Stegen dümpeln ein paar Boote im Wasser. Die meiste Zeit meist haben die Möwen und anderen Vögel den Fluss für sich allein. Eine Idylle! Wer über den trägen Flusslauf zum anderen Ufer auf die mit Buschwerk und Dünengras bewachsenen Böschungen blickt, hat noch keine Vorstellung darüber, dass sich wenige Meter weiter eine der beeindruckendsten Landschaften Südafrikas präsentiert.

Bootsstege am Sunday River

Sand, soweit das Auge reicht

Der Sunday River schlägt auf seinen letzten Kilometern einen großen Bogen, bevor er den Indischen Ozean erreicht. Der Weg wird versperrt von einem riesigen Feld von Wanderdünen. Eine organisierte Wanderung führt – mit oder ohne Führer – von Colchester zur Mündung des Flusses. Die Wanderer werden mit einem Boot über den Fluss übergesetzt, dann geht es über die Dünen etwa sechs Kilometer in südwestlicher Richtung. Unterwegs nur Sand – nur an wenigen Stellen hat sich eine schüttere Vegetation in den Dünen festkrallen können. Der Weg ist nicht schwierig, sollte aber auch nicht unterschätzt werden: Der helle Sand ist gleißend, die Sonne brennt und Schatten gibt es keinen. Ziel ist die Mündung des Sunday River: Rasten und vielleicht auch ein wenig Abkühlung an einer geschützten Stelle im Fluss. Ein Boot bringt die Wanderer zum Ausgangspunkt zurück.

Das Dünenfeld gehört zum Alexandria Dune Field, das streng genommen erst östlich der Mündung des Sunday River beginnt. Es handelt sich um einen Dünenstreifen von etwa 70 Kilometern Länge, der zwei bis drei Kilometer ins Land hineinragt. Der oft sehr heftig wehende Wind trägt dazu bei, dass die Dünen langsam, aber stetig von Westen nach Osten wandern. Im Osten, in der Nähe des Woody Cape, sind dann auch die höchsten Sandberge aufgeschichtet, die eine Höhe von 140 Metern und mehr erreichen. Wegen des Windes und der ständigen Bewegung des Sandes hat pflanzlicher Bewuchs kaum eine Chance, Wurzeln zu bilden. Das Alter des Dünengürtels wird auf etwa 6500 Jahre geschätzt.

Die Gebiete östlich der Mündung des Sunday River, und damit der größere Teil der Dünen, stehen unter der Verwaltung des Addo-Nationalparks. Sie erstrecken sich unterhalb eines Streifen ursprünglichen Küstenregenwaldes, der die jahrhundertelange kommerzielle Abholzung überstanden hat. Ein zweitägiger Fernwanderweg, der Alexandria Hiking Trail, erschließt diesen Abschnitt des Parks. Er führt zunächst durch dichten Wald in Richtung zur Küste, dann durch den Dünengürtel hinunter zum Strand und zur Schutzhütte, in dem die Wanderer übernachten. Von der Terrasse bietet sich ein tolles Panorama übers Meer, und von Juni

Dünenstrand an der Mündung des Flusses

bis Oktober können auch immer wieder Wale und Delfine beobachtet werden. Am zweiten Tag muss dann ein langes Dünenfeld durchquert werden, bevor man schließlich wieder durch Wald den Ausgangspunkt erreicht. Die gesamte Distanz beträgt zwar „nur" 36 Kilometer, ist aber wegen der langen Passagen durch losen Sand und der manchmal sehr steilen Anstiege in den Dünen herausfordernd und nicht ohne eine gewisse Fitness zu bewältigen. Doch der Muskelkater ist schnell vergessen, in Erinnerung bleibt eine einsame und grandiose Landschaft.

INFO

Lage: Colchester liegt etwa 40 Kilometer, Alexandria 140 Kilometer nordöstlich von Port Elizabeth.

Aktivitäten:

- Dünen bei Colchester: Die Dünenfelder am rechten Ufer des Sunday River sind nur mit einer organisierten Tour zugänglich. Tageswanderungen bietet Dungbeetle Tours an; Tel. +27 82 655 5322, *dungbeetle.co.za*
- Sandboarding: mit Brettern, die Snowboards vergleichbar sind, geht es die steilsten Dünen hinunter. Kein richtiger Sport, aber viel Spaß; Sundays River Adventures, Tel. +27 41 492 2355, *sundaze.co.za*
- Wandern im Nationalpark: Eine halbtägige Rundwanderung durch den Küstenwald auf dem Woody Cape Dassie Trail ist ausgeschildert. Ebenso ist der Besuch des Strandes möglich.
- Alexandria Hiking Trail: Die zweitägige Wanderroute ist auf maximal zwölf Personen pro Tag begrenzt, übernachtet wird in einer Schutzhütte für Selbstversorger. Anmeldung zwingend erforderlich. Buchungen über Tel. +27 41 468 0916 oder online über die Webseite der südafrikanischen Nationalparks.

Unterkünfte: Im Nationalpark stehen nur einfache Schutzhütten zur Verfügung. In Colchester und Alexandria zahlreiche Gäste- und Ferienhäuser.

Website: *sanparks.org/parks/addo/camps/woody*

Westküste

Die Landstriche nördlich von Kapstadt, die Küste des Atlantischen Ozeans, ihr Hinterland und die Cederberge werden nur selten besucht, da sie sich nicht leicht in die gängigen Karawanenrouten von und nach Kapstadt einpassen lassen. Dabei haben sie viele zu bieten: langgestreckte Sandstrände, ehemalige Fischerdörfer, grandiose Berglandschaften und einen ersten Blick in die Weite der Karoo.

Strand bei Paternoster

Westküste

35. !Khwa ttu: auf den Spuren eines verlorenen Volkes
36. West Coast Fossil Park: afrikanische Tierwelt vor fünf Millionen Jahren
37. Paternoster: ehemaliges Fischerdorf und das beste Restaurant der Welt
38. Flamingos und Trockenfisch: am Berg River in Velddrif
39. Cederberg Wilderness Area
40. Aus den Cederbergen in die Welt: der Rooibostee
41. Sevilla Rock Art Trail: Felskunst der San
42. Die Kaptölpel von Lamberts Bay
43. Nieuwoudtville: Blumenteppiche im Bokkeveld

Rietpoort
Bitterfontein
Nuwerus
43
Nieuwoudtville
Calvinia
R27
Vanrhynsdorp
Vredendal
Strandfontein
Doringbaai
NORTHERN CAPE
N7
40
41
42
Lamberts Bay
Clanwilliam
Tankwa Karoo National Park
Elandsbaai
39
Redelinghuys
Cederberg Wilderness Area
Citrusdal
Atlantischer Ozean
37
38
Aurora
Eendekuil
WESTERN CAPE
Velddrif
Paternoster
36
Vredenburg
Piketberg
Porterville
Langebaan
Moorreesburg
Saron
Westküsten-Nationalpark
35
Prince Alfred Hamlet
Tulbagh
Touwsrivier
Yzerfontein
Ceres
R27
Darling
N7
N1
Malmesbury
De Doorns
The Grotto Bay
Wellington
Worcester
Paarl
Bloubergstrand
Durbanville
Robertson
Kapstadt
Stellenbosch

35. !KHWA TTU: AUF DEN SPUREN EINES VERLORENEN VOLKES

Vor 300 Jahren durchstreiften die San die weiten Savannen und Halbwüsten Südafrikas, stets auf der Suche nach essbaren Pflanzen und jagdbarem Wild. Von den Buren wurden sie Bosjemans genannt, zu Deutsch Buschmänner. Heute sind sie fast überall verschwunden. Das Kulturzentrum !Khwa ttu richtet den Blick auf ein lange verschwiegenes dunkles Kapitel der südafrikanischen Geschichte.

San-Führer schildern ihre Traditionen.

Als die Holländer sich am Kap niederließen, trafen sie auf die Khoi, die an der Küste und in den niederschlagsreicheren Landstrichen der späteren Kapprovinz Rinder züchteten. In den entlegeneren und trockeneren Regionen zogen Gruppen der San als Jäger und Sammler durchs Land. Der für die Ureinwohner Südafrikas noch vielfach anzutreffende Begriff Khoisan wird der Realität nicht gerecht: Khoi und San pflegten nicht nur eine völlig unterschiedliche Lebensweise – sie lagen vielfach auch im Streit.

Seit Mitte des 18. Jahrhunderts zogen die sogenannten Trekboeren vom Kap mit ihren Ochsenwagen und Viehherden bis in die Karoo. Dabei gerieten sie unweigerlich in Konflikt mit den San. Die

Modernes Museumsgebäude ...

Buren besetzten die ergiebigsten Quellen und schossen das Wild, dessen Bestand sich rasch reduzierte. Die San wehrten sich, konnten aber zu Fuß und mit ihren Pfeilen und Speeren wenig gegen die berittenen Siedler und ihre Gewehre ausrichten und mussten sich in Verstecke zurückziehen. Ihr Versuch, durch gelegentlichen Diebstahl von Schafen, Ziegen und Rindern zu überleben, führte zu noch größerer Entschlossenheit der Kolonisten und zum Einsatz von Milizen und Militär. Dabei nutzten die Buren die Rivalität zwischen den Khoi und den San skrupellos aus. Die zuvor ebenfalls bekämpften Viehzüchter wurden als Hilfspolizisten eingesetzt und mit Feuerwaffen ausgestattet.

... eingebettet in die Felslandschaft

Im 20. Jahrhundert waren die San in den äußersten Norden Südafrikas, nach Botswana und nach Namibia zurückgedrängt. Viele ihrer Sprachen sind untergegangen. Mit ihrem Nomadendasein hatten sie keine Chance, sich in einer Gesellschaft zu behaupten, die das scheinbar herrenlose Land in Farmen aufgeteilt hatte. Auch der Umstand, dass das

südafrikanische Militär vor 50 Jahren im Kampf gegen Aufständische in Namibia und Angola San als Scouts und Fährtenleser rekrutierte, verbesserte ihre Position nicht. Schätzungen gehen davon aus, dass heute im gesamten südlichen Afrika nur noch etwa 120.000 San leben – in zahllose Gruppen mit unterschiedlichen Sprachen zersplittert.

Das Kulturzentrum !Khwa ttu bei Yzerfontein ist das bislang einzige in Südafrika, das sich der Kultur der San widmet. Mit Mitteln einer Schweizer Stiftung, die sich die Förderung und Emanzipation dieser Volksgruppe zum Ziel gesetzt hat, wurde im Jahr 2001 eine Farm zwischen den Orten Yzerfontein und Darling gekauft. Es

RESPECT

Schulkinder haben ihren Spaß.

entstanden Unterkünfte für Touristen und ein Restaurant. Ausbildungs- und Arbeitsplätze für San wurden geschaffen. Im Jahr 2018 konnte schließlich ein modernes Museum eingeweiht werden, das umfassend und bewegend über das Schicksal der San informiert. Wer sich näher mit der Kultur der Sammler und Jäger vertraut machen will, der kann an einer geführten Tour teilnehmen: Gezeigt wird, wie die San mit Pfeil und Bogen jagen, wie sie mit einfachsten Mitteln Feuer machen und vieles andere mehr.

Die Vertreibung der San aus dem Südwesten Südafrikas und die Vernichtung ihrer Kultur im 18. und frühen 19. Jahrhundert ist eines der dunklen Kapitel der südafrikanischen Geschichte. Viele Jahrzehnte durfte darüber nicht gesprochen und geschrieben werden. Dem Kulturzentrum !Kwat ttu gebührt das Verdienst, dieses Tabu zu brechen und den Blick auf die Geschichte eines Volkes am Rande des Untergangs zu lenken.

INFO

Lage: Das Kulturzentrum !Khwa ttu mit seinem Museum liegt etwa 80 Kilometer nördlich von Kapstadt an der Westküstenstraße R27.

Anschrift: Grootwater Farm, R27, Yzerfontein, 7351, Tel. +27 22 492 2998

Aktivitäten: Das Kulturzentrum bietet mehrere thematische Führungen an. Für individuelle Touren sind auf dem Gelände der Farm mehrere Wanderwege und Routen für Mountainbikes ausgewiesen. Unterwegs lassen sich Zebras, Eland, Springböcke und andere Antilopen beobachten. Permit erforderlich.

Unterkünfte:

- !Khwa ttu bietet Zimmer für Selbstversorger in alten Farmgebäuden sowie einfachere Unterkünfte in Zelten an. Im Restaurant gibt es kein Abendessen!
- Zahlreiche Gästehäuser und Ferienwohnungen auch in den benachbarten Orten Darling und Yzerfontein.

Website: *khwattu.org*

36. West Coast Fossil Park: afrikanische Tierwelt vor fünf Millionen Jahren

Als 1958 eine Delegation von Wissenschaftlern in der Phosphatmine Langebaanweg versteinerte Knochen begutachtete, die die Arbeiter gefunden hatten, wurde die Wissenschaft auf diesen Ort aufmerksam. In den folgenden Jahrzehnten wurde ein riesiger Tierfriedhof aus einer Zeit freigelegt, die mehr als fünf Millionen Jahre zurückliegt.

Bereits seit 15 Jahren wurde in der Grube Phosphat abgebaut, als ihre Bedeutung für die prähistorische Forschung erkannt wurde. Fortan nahm sich ein Stab von Wissenschaftlern des Südafrikanischen Museums in Kapstadt unter Leitung von Brett Hendey des Fundortes an. Hendey und seine Mitarbeiter konnten in mehreren Jahrzehnten einen riesigen Tierfriedhof freilegen. Mehr als eine Million fossile Fundstücke wurden seither geborgen.

Vor etwa 5,2 Millionen Jahren – an der Wende des Erdzeitalters Miozän zum Pliozän – herrschte in dieser Gegend ein subtropisches Klima. Dichte Wälder bedeckten das Land, Palmen und Baumfarne.

Aufgelassene Phosphatmine Langebaanweg

Fossilienfriedhof ...

In jener fernen Zeit lag die Mündung des Berg River etliche Kilometer weiter südlich als heute. Der Flusslauf mäanderte und verlor sich in einer Vielzahl von Flussarmen und Altwassern. Just da, wo später einmal Phosphat abgebaut werden sollte, befand sich eine Lagune, in die bei Hochwasser immer wieder tote Tiere hineingeschwemmt wurden. Schlamm bedeckte ihre Überreste und schloss sie hermetisch ab. So konnten Knochen und Zähne Millionen von Jahren überdauern. Heute erlauben sie uns einen Einblick in die Entwicklung der Fauna vor fünf Millionen Jahren.

... wenige Meter unter der Erde

Die Ausgräber fanden Knochen verschiedenster Spezies, die längst ausgestorben, aber Vorläufer heute lebender Tiere sind. Zwei Elefanten- und eine Mammutart wurden entdeckt, Afrikanische Bären und Säbelzahnkatzen. Interessant sind vor allem die Vorläufer der modernen Giraffen, darunter zahllose Sivatherien: Kurzhalsgiraffen, die nach ihrem Entdecker sivatherium hendeyi benannt wurden. Die massigen Tiere erreichten ein Gewicht von bis zu zwei Tonnen und ähneln im Körperbau dem Okapi, das heute noch in entlegenen Regenwäldern des Kongogebiets vorkommt.

Langebaanweg ist außerdem die weltweit bedeutendste Fundstätte für prähistorische Vögel aus einer Zeit, die länger als zwei Millionen Jahre zurückliegt. Mehr als 80 verschiedene Arten konnten bisher identifiziert werden. Auch für die Erforschung der Flora ist der Ort wichtig. Obwohl vor fünf Millionen Jahren Wald vorherrschte, konnten aufgrund von Pollenanalysen erste Vorläufer der aktuellen Fynbos-Vegetation nachgewiesen werden.

Nachbildung von Sivatherien (Kurzhalsgiraffen)

Säbelzahnkatze

Als die Grube 1993 stillgelegt wurde, konnten die Forschungen intensiviert werden. Zug um Zug wurde das aufgelassene und renaturierte Gelände unter Schutz gestellt. Im Jahr 2018 wurde ein Besucherzentrum mit Museum und Restaurant eröffnet. Auch wenn in den Ausstellungsräumen vieles noch sehr provisorisch und unfertig erscheint, so geben die Schautafeln doch einen guten Überblick. Nicht entgehen lassen sollte man sich die Führung, die die Besucher zu einem der Ausgrabungsorte bringt. Von Zeltplanen gut geschützt, können die Besucher die versteinerten Gebeine in situ sehen, so wie sie sich den Ausgräbern präsentierten. Eine spektakulärer Blick in eine untergegangene Welt.

INFO

Lage: Der West Coast Fossil Park liegt ca. 130 Kilometer nördlich von Kapstadt in der Nähe von Vredenburg.

Anschrift: R 45, Langebaanweg, Vredenburg, 7375, Tel +27 22 766 1606

Aktivitäten:

- Neben dem Besuch des Informationszentrum ist eine Führung zu den Ausgrabungsstätten sehr empfehlenswert, Reservierungen unter obiger Telefonnummer

Restaurants: Ein Restaurant befindet sich im Besucherzentrum

Unterkünfte: Zahlreiche Boutique-Hotels, Gästehäuser und Ferienwohnungen in Langebaan und Paternoster

Website: *fossilpark.org.za*

37. PATERNOSTER: EHEMALIGES FISCHERDORF UND DAS BESTE RESTAURANT DER WELT

Ein Sandstrand, durchsetzt mit Granitbuckeln wie auf den Seychellen. Ein Dorf mit weißen Häuschen wie auf einer griechischen Insel. Und dazu eine Strandtaverne, die im Jahr 2019 als bestes Restaurant der Welt ausgezeichnet wurde. Das frühere Fischerdorf Paternoster an der Westküste präsentiert sich als Idylle für ein paar ruhige und genussvolle Ferientage.

Restaurant Wolfgat

Kobus van der Merwe war schon ein Spitzenkoch, bevor er sich 2016 nach Paternoster zurückzog und in einem alten Fischerhaus oberhalb des Strands sein Restaurant Wolfgat eröffnete. Maximal 20 Gäste finden hier auf der mit Stroh überdachten Terrasse Platz. Geboten wird eine Küche, die ausschließlich auf Produkte aus der Region setzt: Austern, Muscheln aller Art, Seetang, Pilze, wilder Knoblauch, Strandsellerie und vieles „meehr" gelangen auf den Teller – zubereitet auf höchstem Niveau. Im Februar 2019 erhielt dieses entlegene Strandlokal einen World Restaurant Award als Restaurant des Jahres.

Glattgeschliffene Felsen am Strand

Damit wurde der Name des kleinen Küstenortes weit über Kapstadt und die nähere Umgebung hinaus bekannt. Er zieht sich an einer Bucht mit einem Sandstrand entlang, der zu Spaziergängen einlädt. Zum Baden im Meer sind die Wassertemperaturen jedoch zu niedrig. Da eine lokale Vorschrift die Besitzer dazu zwingt, ihre Häuser weiß anzustreichen, gewinnt der Ort ein malerisches Ambiente. Mit seinen Restaurants und Gästehäusern ist er ein attraktiver Platz für einige Urlaubstage. Ruhe ist angesagt. Denn so richtig viel los ist hier nicht.

Ein Fischerdorf, wie es noch vielfach zu lesen ist, ist Paternoster heute nicht mehr. Die einst reichen Fanggründe vor der südafrikanischen Westküste sind völlig überfischt. Gerade drei kleine Boote sind es noch, die ausfahren, um Kaplangusten (Jasus edwardsii) zu fangen, die unter dem Namen West Coast Rock Lobs-

Fischerboote wurden zu Picknickbänken.

ter vermarktet werden. Und die Fangquoten dieser Meerestiere werden jedes Jahr geringer. Nur der Schwarzmarkt blüht! Noch!

In der früheren Fischhalle befindet sich heute ein kleiner Künstlermarkt. Nachdem die Fischfabrik um 1990 geschlossen wurde, hat der Besitzer die Grundstücke und Häuser nach und nach verkauft. Die zu den Coloured gezählten Fischer, die in diesen Häusern mehr oder weniger mietfrei wohnten, mussten sie verlassen und an den Ortsrand oder auch ganz wegziehen. Ferienimmobilien und Gästehäuser wurden gebaut. Gentrifizierung auf südafrikanisch. Wohlgemerkt nach dem Ende der Apartheid! Und der Boom hat kein Ende. Wo einst vereinzelte Fischerhütten standen, finden sich heute Häuser dicht an dicht. Doch man muss zugeben: Seinen Charme hat Paternoster nicht verloren.

Blick über Strand …

Ein Ausflug führt zu Fuß, mit dem Fahrrad oder, wenn es sein muss, auch mit dem Auto zum Cape Columbine Nature Reserve. Besonders reizvoll ist der Weg an der felsigen Küste entlang im August oder September, wenn die Landschaft von einem Blütenteppich überzogen ist. Ziel ist der 80 Meter hohe Leuchtturm am Cape

Columbine, das letzte mit einem Wärter bemannte Leuchtfeuer an der südafrikanischen Küste. Über steile Treppen und Leitern geht es zur Plattform, wo die Mühe mit einem Panoramablick über die karge Landschaft der Westküste und das Meer belohnt wird.

... und weißgetünchte Ferienhäuser

INFO

Lage: Paternoster liegt 160 Kilometer nördlich von Kapstadt an der Westküste.

Aktivitäten:

- Kayak Paternoster: Kayaktouren an der Küste; Kliprug, Paternoster, 7381, Tel. +27 83 795 4198, *kayakadventures@outlook.com*
- Cape Columbine Nature Reserve: *sbm.gov.za/cape-columbine-nature-reserve-tietiesbaai*

Restaurants:

- Wolfgat: Reservierung erforderlich, ab drei Monate im Voraus nur über die Website; 10 Sampson Street, Kliprug, Paternoster, 7381; *wolfgat.co.za*
- Gaaitjie: urig und bekannt für guten Fisch und Meeresfrüchte; Off Sampson Street, Paternoster 7381, Tel. +27 22 752 2242, *gaaitjie.co.za*
- Noisy Oyster: Meeresfrüchte und Fisch; 62 St. Augustine Road, Paternoster, 7381, Tel. +27 22 752 2196

Unterkünfte:

- Strandloper Ocean Boutique Hotel: Kapstädter Chic; am Ortsrand; Patterson Slot, Paternoster, 7381; Tel. +27 21 794 5858, *strandloperocean.com*
- außerdem mehr als hundert Gäste- und Ferienhäuser

38. Flamingos und Trockenfisch: am Berg River in Velddrif

Die von Kapstadt kommende Westküstenstraße R27 endet in der Kleinstadt Velddrif. Sie liegt an einem alten Übergang über den Fluss Berg River, der wenige Kilometer westlich ins Meer mündet. Das Mündungsgebiet mit seinen Wasserläufen und Lagunen ist ein Vogelparadies. Und die Uferstraße Bokkom Laan einer der urigsten Flecken Südafrikas.

Flamingos in den Lagunen des Berg River

Der erste Eindruck von Velddrif ist wenig einladend. Von der Brücke, die die einstige Furt über den Berg River überspannt, blickt man auf die weitläufigen Salzgärten der Salinen, die so hässlich und abweisend sind wie alle Salinen dieser Welt.

Doch wendet man sich, im Ort angekommen, nach Osten, eröffnet sich plötzlich am Ufer des Flusses eine ganz andere Welt: Flamingos schreiten auf ihren langen Beinen durch das Wasser, Reiher warten regungslos auf ihre Beute, dazwischen jede Menge anderer Wasservögel, wachsam beobachtet von den omnipräsenten Möwen. Das Mündungsgebiet des Berg River mit seinen mäandernden Flussarmen und Seen ist ein Paradies für Wasservögel. Mehr als

200 Vogelarten wurden hier gezählt. Es weist die größte Konzentration von Wat- und Stelzvögeln auf, die man in Südafrika findet. Seit Februar 2022 ist als besonders schützenswertes Feuchtgebiet durch die Ramsar Convention der UNO geschützt.

Möwe und Kormoran

Es ist vor allem das überreiche Futterangebot, das für die Vögel so attraktiv ist. Die Flamingos – meist sieht man hier Zwergflamingos (Phoeniconaias minor, engl. Lesser Flamingo) – legen zwischen ihren Brutstätten und Futterplätzen lange Strecken im Flug zurück. Auch die Pelikane, die in den tieferen Läufen des Berg River fischen, ziehen sich in der sommerlichen Brutzeit auf die Insel Dassen Island zurück und kommen nach erfolgreicher Aufzucht des Nachwuchses zum Fressen zurück. In den Wintermonaten bevölkern zudem bis zu 50.000 Kormorane das Mündungsgebiet und den Unterlauf des Berg River.

Zu welcher Jahreszeit man auch kommt, stets erwarten den Naturfreund unterschiedliche Eindrücke und manchmal auch Überraschungen. Von zahlreichen Stellen am Nordufer des Flusses lassen sich die Vögel hervorragend beobachten. Auch Bootsfahrten werden angeboten.

Am Ufer des Berg River befindet sich auch die Uferstraße Bokkom Laan, deren Ambiente an längst verlassene Zeiten erinnert. In den Fluss ragen Stege, an denen kleine Fischerboote vertäut sind, zu Land beherrschen windschiefe Schuppen und betagte Häuschen mit Strohdächern und dicken Mauern das Bild. Hier wer-

Bootssteg am Berg River

den die Bokkoms getrocknet, nach der gleichen Methode wie seit nahezu 300 Jahren: Die Fische (Südafrikanische Meeräsche, Chelon richardsonii, engl. Mullet) werden ausgenommen, eingesalzen und an hölzernen Stäben zum Trocknen gehängt: das Biltong der Küstenbewohner. Sicher keine Delikatesse, aber ein Nahrungsmittel mit Tradition!

In einige dieser Hütten sind inzwischen Restaurants, Kneipen und Cafés eingezogen. Manche haben auch Tische und Stühle auf die Stege im Fluss gestellt, sicher einer der originellsten Plätze für

Café an der Bokkom Laan

einen Brunch, einen gebratenen Fisch oder auch einen Gin Tonic zum Sonnenuntergang. Stets beäugt von den Möwen, die warten, ob nicht auch für sie ein Brocken abfällt.

INFO

Lage: Velddrif liegt 150 Kilometer nördlich von Kapstadt

Aktivitäten:

- Vogelbeobachtung: Die besten Beobachtungsmöglichkeiten befinden sich an der Voortrekker Road (R399), die nach Passieren der Brücke über den Berg River rechts abzweigt. Nach etwa 1,5 Kilometern folgt rechts die Bokkom Laan.
- Lohnend sind auch Bootsfahrten, zum Beispiel mit Cracklin' Rosie River Tours, Tel. +27 71 897 9611, Bokkom Laan, Velddrif, 7365, *trekduiker.co.za* oder mit Knot Xtreme, 136 Voortrekker Road, Velddrif 7365, Tel. +27 83 439 1030.
- Rocherpan Nature Reserve: Einen Abstecher wert ist dieses Naturschutzgebiet 25 Kilometer nördlich von Velddrif mit Unterkünften, Wanderwegen und einem kilometerlangen Sandstrand. Am Ufer der Rocherpan befinden sich mehrere Beobachtungsstände für Flamingos und andere Wasservögel. Permits zum Wandern erforderlich; *capenature.co.za/reserves/rocherpan-nature-reserve*
- L'Ermitage Quagga Lodge: Fünf komfortable Chalets am Ufer des Berg River, 13 Kilometer außerhalb von Velddrif. Hauptattraktion sind die Wildbeobachtungsfahrten im dazugehörigen privaten Wildreservat, in dem eine 40-köpfige Herde von Quaggas gehalten wird, einer Rückzüchtung der im 19. Jahrhundert ausgestorbenen Zebraart; Quagga Avenue, off R399, Velddrif, 7365, Tel. +27 28 312 3096, *lermitagelodge.co.za*

Unterkünfte: zahlreiche meist einfachere Hotels und Gästehäuser, außerdem viele Ferienwohnungen in der benachbarten Feriensiedlung Port Owen.

Website: *bergriviertourism.co.za*

39. Cederberg Wilderness Area

Einige Stunden nördlich von Kapstadt erstreckt sich ein Gebirgszug von großer landschaftlicher Schönheit – die Cederberge. Hier findet der Besucher Ruhe und zahllose Wandermöglichkeiten in einer spektakulären Szenerie. Und ein Weingut, das zu großen Leistungen fähig ist – weit abseits der bekannten Weinbaugebiete.

Der Gebirgszug der Cederberge erstreckt sich in mehreren Ketten in Nord-Süd-Richtung parallel zur Atlantikküste nördlich von Kapstadt. Er baut sich im Wesentlichen aus Schichten des Tafelberg-Sandsteins auf, die zu bizarren Felsgebilden verwittern. Höchster Gipfel ist der Sneeuberg mit 2027 Metern Höhe. Der zentrale Teil des Gebirges steht als Cederberg Wilderness unter Naturschutz und gehört als Teil der Cape Floral Region zum UNESCO-Weltnaturerbe. Der Name Cederberg leitet sich ab von der endemischen Clanwilliam-Afrikazypresse (Widdringtonia walichii) ab, die nur noch verstreut vorkommt und unter strengem Naturschutz steht.

Auffahrt zum Uytkykpass

Die Landschaft der Cederberge ist atemberaubend und ein Paradies zum Wandern. Eine Tour von etwa drei Stunden Dauer führt zum Malteserkreuz, einer spektakulären, etwa 30 Meter hohen Felsformation. Eine Tageswanderung von sieben bis acht Stunden Dauer führt zur Schlucht Wolfsberg Crack und zum Wolfsberg Arch, einem Felsenbogen von 15 Metern Höhe. Die Pfade werden instand gehalten und sind für Geübte gut begehbar. Aber Achtung: Nach Vorstellung der Südafrikaner soll Wandern ein kleines Abenteuer sein und so enthält (fast) jeder Wanderweg auch einige herausfordernde steilere Passagen! Und manchmal muss auch ein wenig geklettert werden. Leichter ist der Weg zu Lot's Wife, der in etwa zwei Stunden zu fantastischen Aussichtspunkten und Felsformationen führt. Lokale Organisationen bieten auch geführte mehrtägige Wanderungen in den Cederbergen an.

Weinfelder in 1500 Meter Höhe

Ausgangspunkt für diese Wanderungen ist eine Hochfläche im Süden der Cederberg Wilderness, die man über die Serpentinen des Uitkyk-Passes erreicht. Hier befinden sich einige Farmen, die auch Gästeunterkünfte anbieten. Und die Cederberg Cellars auf der Farm Dwarsrivier, ein Weingut, welches sich als höchstgelegenes Südafrikas bezeichnet. Fernab aller bekannten Weinregionen wird hier ein ausgesprochen guter Tropfen gekeltert: 2020 wurde erstmals

Bei den Stadsal Caves

einer der Weine, ein Shiraz, von der südafrikanischen Weinbibel Platters mit der höchsten Auszeichnung von fünf Sternen bewertet. Die Farm ist seit 1893 im Besitz der Familie Nieuwoudt, die seit über 200 Jahren in den Cederbergen ansässig ist, nachdem sich einer ihrer Vorfahren hierhin vor der Polizei in Sicherheit brachte.

Wer nach der Weinprobe noch bei Kräften ist, dem bietet sich die Möglichkeit zu einem Besuch der Stadsaal Caves, einige Kilometer südlich von Dwarsrivier. Es handelt sich um eine bizarre Felsformation mit einer fast magischen Atmosphäre, die je nach Tageszeit und Sonneneinstrahlung in unterschiedlichen Farben flimmert. Im Mittelpunkt steht der Stadsaal, ein auf mehreren Seiten offener drei bis vier Meter hoher Raum in den Felsen, der die Namensgeber an einen Rathaussaal erinnerte – nichts anderes bedeutet der Name. Nicht weit entfernt lassen sich in einer anderen Felsgruppe gut erhaltene Felsbilder der San bewundern.

Felsbilder in der Nähe der Stadsal Caves

INFO

Lage: Das Naturschutzgebiet Cederberg Wilderness befindet sich ca. 220 Kilometer nördlich von Kapstadt.

Reisezeit: Die beste Reisezeit ist wegen der Blüte August und September. In den Sommermonaten Dezember bis Februar erreichen die Temperaturen zeitweise 40 Grad und mehr.

Aktivitäten:

- Die Cederberge sind ein Paradies für Bergwanderungen, Mountainbiker und Sportkletterer. Wanderungen und Besichtigungen im Naturschutzgebiet sind nur mit Permits möglich. Sie können erworben werden bei Cape Nature in Algeria und im Farm Shop von Dwarsrivier. Dort erhält man auch Wegbeschreibungen und die Schließcodes für die Tore zu den Wanderwegen und zu den Stadsal Caves.
- Cederberg Heritage Trails: mehrtägige Wanderungen ab und bis Clanwilliam mit Unterkunft in einfachen Privatzimmern und allen Mahlzeiten, lokale Führer begleiten die Wanderer, das Gepäck wird zur nächsten Unterkunft transportiert; Tel. +27 83 468 8030, *cedheroute.co.za*

Unterkünfte:

- Cape Nature: Bungalows und Campingplätze; Algeria, Tel. +27 27 482 2807, Reservierungen auch +27 87 087 8250, *capenature.co.za/reserves/cederberg-wilderness-area*

Unterkünfte auf Farmen in der Cederberg Wilderness Area, zum Beispiel

- Driehoek: Tel. +27 27 482 2828, *cederberg-accommodation.co.za*
- Kromrivier: mit Restaurant; Tel. +27 27 482 2807, *cederbergpark.com*
- Dwarsrivier: Sanddrif Holiday Resort, Tel. +27 27 482 2825, *www.sanddrif.com*
- Mount Ceder Lodge: mit Restaurant; etwas weiter südlich gelegen; Grootrivier Farm. Breede River DC, 6836, Tel. +27 23 317 0848, *mountceder.co.za*

Restaurants: In den Cederbergen ist Selbstversorgung (self-catering) angesagt. Lediglich die Mount Ceder Lodge und Kromrivier verfügen über ein Restaurant.

Weingut: Cederberg Wines auf der Farm Dwarsrivier; Tel. +27 27 482 2827, *cederbergwine.com*

Website der Cederberg Conservancy: *cederberg.co.za*

40. AUS DEN CEDERBERGEN IN DIE WELT: DER ROOIBOSTEE

Rooibostee ist in Deutschland ein beliebter Kräutertee. Wenige wissen, dass diese Pflanze nur in Südafrika und dort nur in den Cederbergen und den angrenzenden Landstrichen wächst. Der Besuch einer Rooibosfarm ist eine lohnende Abwechslung bei einer Südafrikareise.

Chris du Plessis holt seinen alten Landcruiser aus der Remise. Fast 50 Jahre hat das Vehikel schon auf dem Buckel, aber für die Fahrt über die buckligen Pisten der Rooibosfarm seiner Familie tut es nach wie vor gute Dienste. Mit dem historischen Gefährt steuert er einen Hügel an, von wo die Fahrgäste einen guten Überblick über die weiten Felder der Farm Elandsberg haben.

Rooibos liebt sandigen Untergrund.

Rooibos (Aspalathus linearis) ist ein Busch, dessen Zweige eine rote Färbung annehmen. Er kommt seit jeher in der Fynbos-Vegetation der Cederberge, des Sandvelds und der Karoo vor und wird seit den 1930er-Jahren kultiviert. Weshalb jeglicher Versuch fehlschlug, Rooibos auch in anderen Regionen Südafrikas und der Welt anzubauen, haben Wissenschaftler bis heute nicht herausgefunden.

Die Samen werden mühsam gesammelt und angesät, die Setzlinge dann während der Winterregen im Juli und August gepflanzt. Die erste Ernte erfolgt nach eineinhalb Jahren. Dabei werden etwa 60 Prozent des Busches einfach abgeschnitten. Gegen Ende des Sommers werden die bis zu 1,50 Meter hohen Büsche gekappt und die geernteten Zweige zur Fabrik gebracht. Dort werden sie auf einer großen betonierten Fläche ausgebreitet und befeuchtet, damit die Pflanzen fermentieren können. 24 Stunden später wird der Tee in der Fabrik gereinigt, geschnitten, sortiert und verarbeitet. .

Die Zweige werden zu Tee verarbeitet.

Rooibos hat in der Region eine erhebliche wirtschaftliche Bedeutung. Es gibt etwa 300 kommerzielle Farmen, dazu mehr als 200 Kleinbauern. Etwa 8000 Beschäftigte produzieren jährlich im Durchschnitt 15.000 Tonnen Tee, wobei die Erntemengen abhängig von den Regenfällen stark schwanken. Jeder Bewohner der Erde trinkt im Durchschnitt eine Tasse Rooibostee im Jahr – statistisch gesehen. Etwa die Hälfte der Ernte wird exportiert, mehr als ein Viertel davon nach Deutschland. Doch am besten schmeckt der Rooibostee nach wie vor an der Quelle – in Südafrika.

INFO

Lage: Elandsberg liegt etwa 250 Kilometer nördlich von Kapstadt, 25 Kilometer westlich von Clanwilliam nahe der Straße zur Küste nach Lamberts Bay.

Aktivitäten:

- Elandsberg Eco Tourism: mit Zimmern, Führungen auf der Rooibosfarm für Tagesgäste; Graafwater, 8120, Tel. +27 27 482 2022, *elandsberg.co.za*
- Skimmelberg: Farmtouren nach Voranmeldung; Witelskloof Farm, zwischen Citrusdal und Clanwilliam, Tel. +27 27 482 1771, *skimmelberg.co.za*
- House of Rooibos: Informationszentrum mit Teestube und Boutique; Corner Augsburg Road and Foster Street, Clanwilliam, 8135, Tel. +27 27 482 2155, *houseofrooibos.info*

Website: *elandsberg.co.za*

41. Sevilla Rock Art Trail: Felskunst der San

Überall in den Cederbergen hinterließen die San in den Felsen Wandmalereien. Sie zeigen Elefanten, Antilopen und andere wilde Tiere, Jagdszenen, aber auch Motive, die man sich nur vor einem spirituellen Hintergrund vorstellen kann. Einen guten Einblick in die verschlossene Welt der Buschmänner gibt der Sevilla Rock Art Trail bei Clanwilliam.

Von Clanwilliam steigt die Straße steil an in die Cederberge. In einer begeisternden Landschaft quert sie die Gebirgskette am Pakhuispass. Serpentinen führen dann von der Höhe hinunter in eine weite Ebene zu beiden Seiten des meistens ausgetrockneten Branntweinflusses. Hier begegnen wir einer weiten, trockenen Savannenlandschaft, und es fällt nicht schwer, sich vorzustellen, wie einst Springböcke, Quaggas, Elefanten und andere Tiere durchs Land zogen. Seit undenklichen Zeiten lebten San als Jäger und Sammler in diesem Tal.

Vor der Brücke über den Fluss steht Traveller's Rest, ein altes Farmhaus mit einem kleinen Restaurant und Geschäft. Hier beginnt der Sevillas Rock Art Trail, ein Weg von etwa fünf Kilometern Länge

In den Cederbergen

Felsüberhang mit Buschmannszeichnung

oberhalb des Ufers des meist trockenen Flusses. Er führt zu neun Stellen, an denen Felsbilder der San bewundert werden können. Es ist faszinierend, die Bilder, die von den Jägern und Sammlern vor Hunderten, wenn nicht Tausenden von Jahren auf die Felswände aufgetragen wurden, zu erkennen und zu deuten – oder es zumindest zu versuchen. Sie geben einen winzigen Einblick in eine Gedankenwelt, deren Geheimnisse heute nur schwer zu entschlüsseln sind.

Stets handelt es sich um einzelne, scheinbar ungeordnete Ansammlungen einzelner Zeichnungen. Manche Motive stehen in einem Zusammenhang, bei anderen ist er wenig erkennbar, und es ist auch möglich, dass die Bilder in einem Ensemble zu völlig unterschiedlichen Zeiten angebracht wurden. An manchen Stellen lassen sich mehrere Schichten von Bildern identifizieren. Aufgetragen wurden die Bilder sowohl mit den Fingern als auch mit Werkzeugen, zum Beispiel mit Federn. Die Farben sind Erdfarben. Da viele der Zeichnungen dem Zahn der Zeit zum Opfer gefallen sind, blieben oft nur rötlich schillernde Farbflecken erhalten, die sich je nach Lichteinfall mehr oder weniger gut vom Hintergrund abheben.

Am häufigsten sind Jagdszenen. Jäger mit Pfeil und Bogen oder mit Speeren, Tiere wie Elenantilopen und Spießböcke. Menschliche Figuren sind oft in Überlänge dargestellt, stark stilisiert, die Gliedmaßen nur als Striche angedeutet. Einige Figuren haben massige Unterkörper und einen extrem schlanken Oberkörper. Daraus wird gelegentlich interpretiert, dass sich die Menschen in Trance bewegen und somit sakrale Zeremonien wiedergegeben sind. Sicher zu beweisen ist das nicht. Da die San ihre Überlieferungen immer nur mündlich weitergaben und keinerlei schriftliche Quellen existieren, ist eine verlässliche Interpretation der Felsbilder kaum möglich und bewegt sich weitgehend auf den Pfaden der Spekulation.

Das Alter der Malereien ist durch Stilanalyse nicht zu bestimmen. Es wird geschätzt, dass die ältesten Felsbilder in den Cederbergen etwa 8000 Jahre alt sind. Manche Forscher schreiben den Bildern

Jagdszenen herrschen vor, ...

der San ein Alter bis zu 27.000 Jahren zu, doch ist das alles andere als sicher nachgewiesen. Bilder von Schafen oder Rindern sind sicher jünger als 2000 Jahre, nachdem die Khoi mit ihren Herden zugewandert sind. Motive wie Europäer oder Schiffe sind erst in historisch überschaubarer Zeit entstanden. Mit den San im Hinterland des Kaps sind auch ihre Überlieferungen und ihre Felskunst verschwunden. Heute versuchen wir mühsam, über die zahllosen historischen Felsbilder, die sich in den Cederbergen und anderswo finden, die Kultur und Geisteswelt der ältesten Völker in Afrika zu erschließen.

... sind aber oft schwer zu deuten.

INFO

Lage: Der Sevila Rock Art Trail liegt etwa 280 Kilometer nördlich von Kapstadt, 35 Kilometer östlich von Clanwilliam an der Straße R364.

Sevilla Rock Art Trail: Der Weg beginnt an der Brücke über den Branntweinfluss neben dem Farmhaus Traveller's Rest mit Bar und Restaurant, wo man auch das Permit kauft und einen Plan des Wegs erhält. Der Wanderweg stellt keine besonderen Anforderungen und dauert etwa zwei Stunden, sollte aber bei großer Hitze nicht begangen werden.

Unterkünfte:

- In Clanwillian gibt es mehrere Hotels und Gästehäuser.
- Traveller's Rest: Die Farm besitzt 29 eher schlichte Unterkünfte in früheren Farmgebäuden, weitläufig über das Gelände verteilt; R 364, Clanwilliam, 8135, Tel. +27 82 554 9303; *travellersrest.co.za*
- Bushmans Kloof Lodge: luxuriöse Lodge 40 Kilometer östlich von Clanwilliam, eine grüne Oase inmitten dieser trockenen Landschaft. Auf dem Gelände der Farm werden neben Wildbeobachtungsfahren auch geführte Touren zu Fundstellen von Felsbildern der San angeboten; Zufahrt von der R364, Tel. +27 87 743 2399, *bushmanskloof.co.za*

Website: *clanwilliam.info*

42. Die Kaptölpel von Lamberts Bay

Vögel, soweit das Auge schaut. Die Kolonie der Kaptölpel an der südafrikanischen Westküste ist einen Besuch wert. Auf einer Fläche kaum größer als ein Fußballfeld finden sich in der Brutsaison mehr als zwanzigtausend Vögel ein. Dazu Möwen, Kormorane und auch ein paar Pinguine.

Lamberts Bay ist ein entlegener Flecken an der südafrikanischen Westküste. Es war einmal ein lebendiger Fischerhafen, doch ist das Meer seit den 1960er-Jahren weitgehend leergefischt. Nur wenige kleine Fischerboote liegen heute noch im Hafen, oft monatelang. Die einstige Fischfabrik, deren mächtige Gebäude das Ortsbild beherrschen, hat längst auf die Herstellung von Pommes Frites umgestellt. Kartoffeln wachsen im sandigen Hinterland von Lamberts Bay recht gut.

Fischerboote in Lamberts Bay

Restaurant am Hafen

Ein Ort zum Vergessen also. Wäre da nicht der Hafenbucht eine kaum drei Hektar große Insel vorgelagert, die den ebenso fantasielosen wie treffenden Namen Bird Island trägt. Über einen kleinen Damm ist sie mit dem Festland verbunden und für Besucher leicht zugänglich.

Auf ihr wimmelt es von Seevögeln. Die größte Attraktion ist die Brutkolonie der Kaptölpel (Morus capensis, englisch Cape Gannet), einer von nur sechs Orten überhaupt, wo diese eleganten Vögel brüten. Auf engster Fläche stehen Tausende von Tieren dicht aneinander gedrängt und schützen auf diese Weise ihre Nester und Jungen vor ihren Feinden. Scheu vor Menschen hingegen scheinen sie kaum zu kennen. Von einem gemauerten Beobachtungsstand lässt sich das Gewusel hervorragend beobachten.

Brutkolonie der Kaptölpel

Die Zahl der Vögel auf Bird Island lässt sich schwer schätzen, zumal sie übers Jahr und über die Jahre stark schwankt. Sicher scheint, dass in Spitzenzeiten mehr als 20.000 Kaptölpel die Insel bevölkern. Der Bestand dieser Vögel ist – trotz der geringen Zahl von Brutplätzen – nicht unmittelbar gefährdet, er nimmt in Südafrika sogar zu.

Mit einer Spannweite von bis zu 1,85 Metern sind die zwei bis drei Kilogramm schweren Kaptölpel elegante Flieger. Ab August beginnen sie gewöhnlich, ihre Nester im Guano zu bauen. Ein Paar brütet pro Jahr nur ein einziges Ei aus. Ab Dezember beginnen die Jungen

Mehr als 20.000 Vögel, dicht gedrängt

zu schlüpfen und müssen dann stetig gefüttert werden. Nach acht Wochen haben sie bereits das Gewicht erwachsener Vögel erreicht, doch erst nach etwa 100 Tagen werden sie flügge. Wenn sie voll ausgewachsen sind, verlassen sie Bird Island.

Kaptölpel wandern die Küsten Afrikas entlang bis in den Golf von Guinea oder im Osten bis nach Sansibar, in seltenen Fällen auch über den Indischen Ozean bis nach Australien. Erst nach drei Jahren kehren sie zurück zu ihrem Geburtsort und suchen sich für die Nachbrut einen Partner, mit dem sie üblicherweise viele Jahre zusammenbleiben. Die Lebensdauer der Vögel wird auf etwa 17 Jahre geschätzt.

Dominikanermöwe

Bird Island ist auch Brutplatz für andere Vögel, für Kormorane und mehrere Möwenarten, darunter die markante Dominikanermöwe (Larus dominicanus, englisch Kelp Gull). Die einstmals bedeutende Pinguinkolonie ist auf wenige Tiere zusammengeschmolzen. Dafür haben sich Robben angesiedelt, die für die Seevögel nicht nur Futterkonkurrenten sind, sondern für die Jungtiere auch eine direkte Gefahr darstellen. Eine Gefahr, die die Kaptölpel auf ihren Brutplätzen zum gegenseitigen Schutz noch enger zusammenrücken lässt.

Strandrestaurant Muisbosskerm

INFO

Lage: Lamberts Bay befindet sich 260 Kilometer nördlich von Kapstadt an der Westküste.

Unterkünfte:

- Lamberts Bay Hotel: einfaches Drei-Sterne-Hotel mitten im Ort, 72 Voortrekker Street, Lambert's Bay, 8130, Tel. +27 27 432 1126, *lambertsbayhotel.co.za*
- zahlreiche Gäste- und Ferienhäuser

Restaurant:

- Muisbosskerm: uriges Freiluft-Restaurant ca. fünf Kilometer südlich des Ortes am Strand an der R365, weithin bekannt wegen seines Fisch- und Seafoodbuffets. Reservierung empfehlenswert; Tel +27 27 432 1017, *muisbosskerm.co.za*

Websites:

- *capenature.co.za/reserves/bird-island-nature-reserve*
- *lambertsbay.co.za*

43. Nieuwoudtville: Blumenteppiche im Bokkeveld

Alljährlich zwischen August und Oktober ertrinkt das karge Bokkeveld in einem Blütenmeer. Die Region um den unscheinbaren Flecken Nieuwoudtville am Rande der Karoo wird dann zum Schauplatz eines fantastischen Naturspektakels. Wegen des Reichtums an Blumen bezeichnet sich der Ort auch als „bulb capital of the world"

Blütenvielfalt im Bokkeveld

Neil MacGregor, Besitzer der Farm Glenlyon in vierter Generation, liebte die Natur. Er riss die Zäune zwischen seinen Weiden nieder und ließ seine Merinoschafe frei weiden. An den Schakalen, die von Zeit zu Zeit ein Lamm rissen, und den Stachelschweinen, die den Boden unterhöhlten, störte er sich nicht. Er freute sich jedes Jahr über eine kaum glaubliche Blütenpracht, die nach den ersten Winterregen bis in den Oktober hinein das Land überzog.

Der Nordwesten Südafrikas, das Namaqualand, ist bekannt für die Blütenteppiche, die das Land im Frühjahr in bunte Farben tauchen. Weit verbreitet sind die Namaqualand Daisies, auf Deutsch Kapringelblumen (Dimorphoteca sinuata). Im Bokkeveld überwiegen jedoch Geophyten: Pflanzen, die die sommerliche Trockenzeit im Erdreich meist als Zwiebeln, aber auch als Knollen oder Wurzeln überdauern. Der Artenreichtum ist enorm. Im Umfeld von Nieuwoudtville registrierten die Botaniker mehr als 1350 verschiedene Blütenpflanzen.

Auf naturbelassenem Weideland gedeihen sie besonders gut. So begann Neil MacGregor im Jahr 1991 im Frühling Farmrundfahrten für Besucher zu organisieren, um ihnen die Farbenpracht der Blumen vor Augen zu führen. Da keines seiner Kinder die Farm weiterführen wollte, verkaufte er sie im Jahr 2007 an das staatliche Nationale Südafrikanische Institut für Biodiversität. Diese Organisation führt die Farm heute als Hantam National Botanical Garden weiter, dessen Schönheit auf neun ausgewiesenen Wegen zu entdecken ist.

Die Blüte beginnt in der Regel im August, vorausgesetzt, es sind im südafrikanischen Winter ausreichend Niederschläge gefallen. Ihre größte Pracht entwickelt sie dann zwischen Mitte August und Mitte September. Wenn es dann nicht zu trocken und warm wird, hält sie bis in den Oktober an. In der zweiten Märzhälfte können die auffälligen Blütenstände der Brunsvigia bosmaniae bewundert werden, einer Amaryllisart. Und selbst in den Wintermonaten Mai bis Juli präsentieren eine Reihe von Pflanzen ihre Blüten.

Blick in die Schlucht Oorlogskloof

Wenn auch die Hochfläche des Bokkeveld ziemlich eintönig erscheint, so wird die Landschaft dort, wo sich die Flüsse in die Hochfläche eingeschnitten haben, dramatisch. Sieben Kilometer nördlich von Nieuwoudtville stürzt der Doorn River 90 Meter spektakulär in eine Schlucht. Einige Kilometer südwestlich windet sich der Oorlog River seinen Weg durch einen grandiosen Canyon, den kaum jemand kennt. Das Oorlogskloof Nature Reserve bietet zwei herausfordernde Tageswanderungen und auch eine vier- bis fünftägige Langstreckenwanderung in einer Landschaft, in der man keinerlei Spuren von Zivilisation wahrnimmt.

Gästefarm Papkuilsfontein

Weiter flussaufwärts führt der Canyon durch das Gelände der Schaf- und Rooibosfarm Papkuilsfontein, auf deren Territorium sich ein 100 Meter hoher Wasserfall befindet. Leichtere Wanderungen führen von den komfortablen Ferienhäusern zur Abbruchkante des Canyons. Vor allem zur Zeit der Blüte beeindrucken die Wege durch die Felder der Farm.

Köcherbaum

Ganz andere Eindrücke bietet der Köcherbaumwald auf der Farm Gannabos etwa 30 Kilometer nördlich von Nieuwoudtville. Der Köcherbaum, eine Aloeart (Aloe dichotoma), ist im Norden

Südafrikas und im Süden Namibias weit verbreitet. Seinen Namen erhielt er, weil die San aus der Rinde der Pflanze Köcher für ihre Pfeile anfertigten. Hier am südlichen Rand ihrer Verbreitung findet sich die größte bekannte Ansammlung dieser skurrilen Pflanzen – besonders faszinierend in der Dämmerung am Abend und frühen Morgen sowie im Mai, wenn die Pflanzen ihre kanariengelben Blüten hervorbringen.

INFO

Lage: Nieuwoudtville liegt etwa 350 Kilometer nördlich von Kapstadt.

Aktivitäten:

- Hantam Botanical Garden: im Süden von Nienwoudtville, Zufahrt über Voortrekker Road. Rundfahrten, Dauer 2,5 Stunden, Vorausbuchung erforderlich; Oorlogskloof Road, Nieuwoudtville, 8180, Tel. +27 27 218 1200, *sanbi.org/gardens/hantam*
- Nieuwoudtville Waterfall: sieben Kilometer nördlich der Stadt an der Straße R357 Richtung Loriesfontein
- Oorlogskloof Nature Reserve: Zufahrt von der R27 sechs Kilometer westlich von Nieuwoudtville; Tel. +27 27 218 1159

Unterkünfte:

- Gästefarm Papkuilsfontein: Frühstück und Abendessen können vorbestellt werden; 20 Kilometer südlich von Nieuwoudtville, Tel. +27 27 218 1246, *papkuilsfontein.com*
- Gästefarm Gannabos: Der Köcherbaumwaldauf dem Farmgelände ist tagsüber frei zugänglich. Abends und nachts ist der Zutritt nur mit einem Permit gestattet; 33 Kilometer nördlich von Nieuwoudtville über die R357 Richtung Loerisfontein erreichbar, Tel. +27 27 218 1249, *gannabos.co.za*
- Zahlreiche weitere Gästehäuser und -farmen in Nieuwoudtville und Umgebung In der Zeit der Blüte ist eine Vorbuchung wegen der starken Nachfrage ratsam.

Website: *nieuwoudtville.com*

Karoo

Die Karoo ist das Land der weiten Horizonte. Konturlose Ebenen wechseln mit Tafelberglandschaften, die an Wildwestfilme erinnern. Nur hin und wieder trifft man auf Farmen mit den charakteristischen Windmühlen, die das spärliche Wasser an die Oberfläche pumpen. Doch auch in diesem endlos scheinenden, trockenen und einsamen Land lassen sich historische Städtchen und reizvolle Naturparks entdecken.

Windräder prägen die Landschaft.

Karoo

44. Inverdoorn-Naturreservat
45. Sutherland: wo die Sterne so nahe sind
46. Karoo-Nationalpark: Tafelberge und wilde Tiere
47. Graaff Reinet: Hauptstadt der Karoo
48. Nieu Bethesda: der älteste Fisch der Welt
49. Mountain-Zebra-Nationalpark
50. Die Tuishuise in Cradock: eine viktorianische Straße

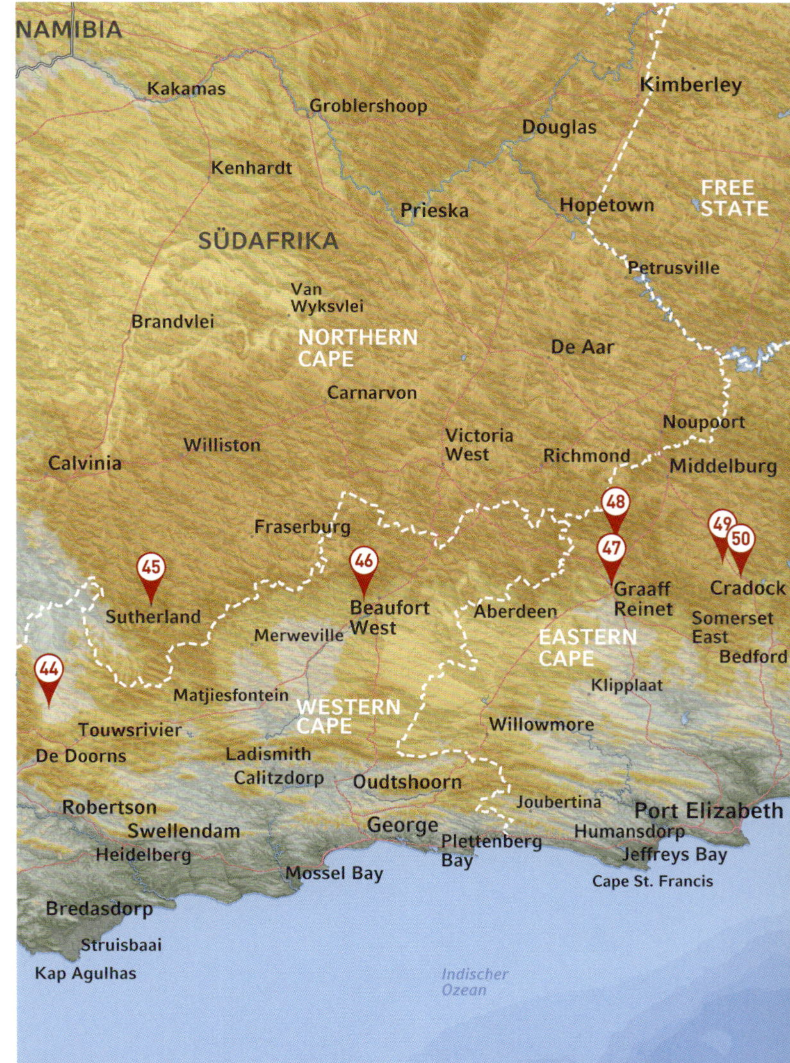
NAMIBIA
Kakamas
Groblershoop
Kimberley
Douglas
Kenhardt
Prieska
Hopetown
FREE STATE
SÜDAFRIKA
Petrusville
Van Wyksvlei
Brandvlei
NORTHERN CAPE
De Aar
Carnarvon
Noupoort
Victoria West
Williston
Calvinia
Richmond
Middelburg
48
Fraserburg
49
50
47
45
46
Graaff Reinet
Cradock
Sutherland
Beaufort West
Aberdeen
Somerset East
Merweville
EASTERN CAPE
Bedford
44
Klipplaat
Matjiesfontein
WESTERN CAPE
Willowmore
Touwsrivier
De Doorns
Ladismith
Calitzdorp
Oudtshoorn
Joubertina
Port Elizabeth
Robertson
Swellendam
George
Humansdorp
Plettenberg Bay
Heidelberg
Jeffreys Bay
Mossel Bay
Cape St. Francis
Bredasdorp
Struisbaai
Kap Agulhas
Indischer Ozean

44. Inverdoorn-Naturreservat

Nur drei Stunden von Kapstadt entfernt – und damit auch für einen Wochenendausflug geeignet – befindet sich das Inverdoorn Game Reserve. In dem Schutzgebiet am Rande der Karoo sind die Big Five und viele andere Wildtiere wieder heimisch geworden.

Je weiter man aus Kapstadt über mehrere Gebirgsketten in Richtung Karoo hinauffährt, desto mehr wandelt sich das üppige Grün der Landschaft in ein staubiges Braun. Ist die Hochfläche der Karoo erst einmal erreicht, wird das Bild von Weite und Einsamkeit bestimmt.

Eine unwirtlich scheinende Landschaft. Trocken ist das Land. Bis 1972 befand sich auf dem Gelände des heutigen Naturreservats die größte Obstfarm Südafrikas. Doch dann trockneten die Quellen aus, die die Bäume bewässerten, und der Betrieb ließ sich nicht mehr aufrechterhalten. Seit 1997 befindet sich auf diesem Stück Karoo von etwa 10.000 Hektar Fläche ein privates Wildreservat. Im Zentrum ein ausgedehnter Kaktusgarten, in dem sich die Bungalows der Lodge, Sitzgruppen, ein Pool und ein Restaurant befinden. Eine Anlage, wie man sie eher in Arizona oder Mexiko erwarten würde! Die Wüste lebt!

Kaktusgarten beim Camp

Doch kaum hat man das Camp in den Geländewagen zur Wildbeobachtungsfahrt verlassen, breitet sich vor dem Gesicht des Besuchers eine weite Savannenlandschaft aus: trocken zwar, doch kommen viele Wildtierarten auch mit großer Trockenheit zurecht. Inverdoorn hat den Anspruch, den Besuchern vor Augen zu führen, was in diesem Teil Südafrikas weitestgehend verschwunden ist: die ursprüngliche Tierwelt, die einst die Ebenen der Karoo bevölkerte.

Nashörner stehen unter besonderem Schutz.

Zunächst wurden Antilopen wie Springböcke, Oryxantilopen und Gnus eingeführt, seit 2012 auch Elefanten, Nashörner, Löwen und Büffel, sodass das Reservat heute wieder über die Big Five verfügt, die Tiere, die früher von den Großwildjägern am meisten gefürchtet wurden. Leoparden kommen in der Region natürlich vor, werden aber sehr selten gesehen, da sie vorwiegend nachtaktiv sind und ihre Beutezüge weit über die Grenzen des Schutzgebietes hinaus führen.

Von besonderem Interesse ist das Gepardenzentrum (Cheetah Rescue and Rehabilitation Centre), das sich um die Auswilderung

Steppenzebras

von in Gefangenschaft geborenen Geparden kümmert. Geparden sind in Afrika verbreitet, aber selten, der Bestand wird für ganz Ost- und Südafrika nur noch auf 7000 bis 8000 geschätzt! Lange Zeit wurden die eleganten Tiere in Gefangenschaft gezüchtet, um sie in Schaugehegen Besuchern vor Augen zu führen, die sie streicheln und auch mit ihnen spazieren gehen konnten. Das ist heute verpönt, es gilt ein striktes „No touch"-Prinzip.

Einfach in die Wildnis entlassen kann man die Tiere aber nicht: Da sie von ihrer Mutter nicht die Jagd erlernt haben, da weiterhin ihre Muskulatur nicht stark genug ist, müssen sie sich die natürlichen Fähigkeiten erst wieder aneignen und das Jagen trainieren. Dies passiert in Inverdoorn. Gäste, die im Reservat übernachten, können

Strauße

jeden Abend von einer Tribüne erleben, wie die kraftvollen Tiere auf einer „Rennbahn" im Rahmen ihres Trainingsprogramms mit Geschwindigkeiten von bis zu 120 Kilometern pro Stunde einem Köder hinterherjagen.

Der Besuch des Gepardenzentrums ist einer der Höhepunkte von Inverdoorn. Einen Besuch der bekannten und größeren Nationalparks ersetzt eine Stippvisite in diesem Reservat nicht! Aber demjenigen, der seinen Urlaub auf Kapstadt und sein Hinterland beschränkt, bietet der Ausflug eine angenehme Abwechslung und ein gutes Safarierlebnis.

INFO

Lage: Das Inverdoorn Game Reserve liegt etwa 200 Kilometer nordöstlich von Kapstadt und ist über Worcester und Ceres zu erreichen.

Unterkünfte:

- Das Reservat verfügt über Unterkünfte verschiedener Kategorien, Swimmingpool und Restaurant. Exklusiv ist das luxuriöse Safaricamp Kuganha mit lediglich drei luxuriösen Zelten, eigenem Pool und kleinen Spa. Alle Wildbeobachtungsfahrten sind im Arrangementpreis enthalten; R356 Sutherland Road, Breede River DC, 6835, Tel. +27 23 004 1195

Hinweis:

- Tankwa-Karoo-Nationalpark: Ein Naturerlebnis der besonderen Art bietet sich 120 Kilometer weiter nördlich von Inverdoorn in der Karoo. Die Trockenheit ist hier extrem, und Versuche, Farmen anzusiedeln, waren in diesem Gebiet zum Scheitern verurteilt. Die Schotterpisten sind herausfordernd, die Unterkünfte in früheren Farmhäusern eher einfach. Tieren wird man nicht vielen begegnen. Doch wer Einsamkeit und Wüstenlandschaften liebt, wird voll auf seine Kosten kommen; R 355, Calvinia, 8190, Tel. +27 27 341 1927 *sanparks.org/parks/tankwa/*

Website: *inverdoorn.com*

45. Sutherland: wo die Sterne so nahe sind

Sutherland ist ein Hotspot für Astronomen. Hier in der Karoo ist die Luft ist so klar und das Klima so beständig, dass in der Nähe das größte Teleskop der Südlichen Hemisphäre installiert wurde. Eine Tour zum Südafrikanischen Astronomischen Observatorium eröffnet den Blick in den Weltraum.

Die Ursprünge der Himmelsforschung in Südafrika lagen in Kapstadt – noch heute heißt ein Stadtteil Observatory. Doch Mitte des 20. Jahrhunderts wurde es dort so hell, dass der Blick in die Tiefen des Weltraums nicht mehr möglich war. So machte man sich auf die Suche nach einem geeigneten Ort für den Bau eines Observatoriums.

Teleskope auf dem Plateau bei Sutherland

Das gottverlassene Sutherland in der Karoo bot ideale Voraussetzungen. Es ist kühl und damit selten dunstig, und der Nachthimmel ist an vier von fünf Tagen wolkenlos. Auf einem Plateau 15 Kilometer östlich des Ortes wurden seit 1972 in 1760 Metern Höhe immer neue Teleskope aufgestellt. Inzwischen ist die Zahl auf etwa 30 angewachsen. Die Betreiber kommen aus aller Welt. Auch Deutschland ist vertreten: Das Deutsche Zentrum für Luft und Raumfahrt betreibt ein Teleskop zur Suche nach Weltraumschrott, das Helmholtz-Zentrum in Potsdam eine Station zur Erforschung der Erdschwere- und -magnetfelder.

Prachtstück ist jedoch das SALT, Southern African Large Telescope, das größte auf der südlichen Welthalbkugel. 2005 fertiggestellt, besitzt einen es riesigen Spiegel von elf Metern Durchmesser. Es ist so stark, dass die Astronomen eine Kerzenflamme auf dem Mond entdecken könnten. Oder anders ausgedrückt, der Blick ins All ist eine Milliarde Mal schärfer als mit einem menschlichen Auge!

Willkommen!

Es ist möglich, das SALT im Rahmen einer Führung zu besichtigen. Nach dem Besuch einer didaktischen Ausstellung zur Astronomie fährt man im Kleinbus auf das Plateau, wo man mehrere Teleskope und das SALT besuchen kann. Astronomen wird man hier jedoch kaum begegnen. Im digitalen Zeitalter sind die Forschungszentren über den gesamten Erdball verstreut, und die Observatorien werden per Computer gesteuert.

SALT, größtes Teleskop der südlichen Hemisphäre

Doch bleibt dem Besucher der Blick in die Sterne nicht verwehrt. Mehrmals in der Woche können auch Touristen vom Besucherzentrum des SALT zu den Sternen blicken. In Sutherland selbst hat der Hobbyastronom Jurg Wagener in seinem Garten mehrere Teleskope aufgestellt. Jeden Abend lässt er, wenn es die Witterung erlaubt, seine Gäste durch die Teleskope schauen und gibt eine kleine Einführung in die Welt der Astronomie. Er zeigt den Ring des Saturns und die Monde des Jupiters, führt die Fernrohre zum Kreuz des Südens und zum Magellan-Nebel, erklärt den Unterschied zwischen roten und blauen Sternen. Langweilig wird es nie, allenfalls kalt, wenn sich der Schleier der Nacht über die Karoo legt. Denn Sutherland ist der kälteste Ort Südafrikas. Auch Sommernächte können ungemütlich werden und im Winter schneit es oft. Für Südafrikaner ist der Schnee eine Attraktion!

Sehr lohnend ist für den ruhesuchenden Reisenden auch ein Aufenthalt auf einer Gästefarm im näheren und weiteren Umkreis von Sutherland. Die Farmen sind riesig, doch die Trockenheit der letzten Jahre hat ihnen zugesetzt. Die Schafzucht lohnt kaum noch. Im Naturreservat Rogge Cloof, zehn Kilometer südlich von Sutherland, ziehen heute wieder Springböcke, Elen und andere Antilopen über das Land. Ausdauernde Wanderer können auch eine Tagestour zum Salpeterkop machen, dem trotz seines Alters von 66 Millionen Jahren jüngsten Vulkan Südafrikas.

Salpeterkop, „jüngster" Vulkan Südafrikas

INFO

Lage: Sutherland liegt etwa 350 Kilometer nordöstlich von Kapstadt in einem extrem dünn besiedelten Bereich der Karoo. Für eine problemlose Anreise wird die voll asphaltierte Route über Matjiesfontein empfohlen. Für die von Kapstadt aus gesehen kilometermäßig kürzere Strecke über Ceres ist ein geländegängiges Fahrzeug ratsam.

Aktivitäten:

- South African Large Telescope: Das SALT liegt knapp 20 Kilometer östlich von Sutherland und ist nur im Rahmen von Führungen zugänglich. Die Besucherteleskope stehen neben dem Besucherzentrum, da das Plateau nachts nicht zugänglich ist; Tel. +27 23 571 2436, *suthbookings@saao.ac.za, salt.ac.za*
- Sterland Stargazing Jurg Wagener: ein Kilometer südlich des Ortszentrums; Piet Retief Street, Sutherland, 6920, Tel. +27 82 556 9589, *sutherlandinfo.co.za*
- Sutherland Planetarium: mitten im Ort; Sternenbeobachtung abends nach Vereinbarung, tagsüber mehrere Shows; Corner Piet Retief Street/Sarel Cilliers Street, Sutherland, 6920, Tel. +27 78 603 0058, *sutherlandplanetarium.co.za*

Unterkünfte:

- Im Ort Sutherland befinden sich verschiedene Gästehäuser und das Sutherland Hotel, das jedoch bereits arg in die Jahre gekommen ist.

Reizvoll ist der Aufenthalt auf einer der Gästefarmen und privaten Naturreservate im Umland von Sutherland, zum Beispiel

- Rogge Cloof: Angeboten werden Rundfahrten zur Tierbeobachtung. Beim Geparden-Tracking darf man sich den Tieren bis auf wenige Meter nähern; zehn Kilometer südlich an der R354, Tel. +27 23 004 1161, *roggecloof.com*
- Farm Blesfontein: mit Farm Shop, Restaurant, Teleskop zur Sternenbeobachtung, außerdem Reitmöglichkeit für Kinder und Erwachsene; 30 Kilometer westlich, Tel. +27 23 83 633 4913 *blesfontein.co.za*

Website: *discoversutherland.co.za*

46. Karoo-Nationalpark: Tafelberge und wilde Tiere

Eine sanftwellige Savannenlandschaft, dazwischen rot leuchtende Tafelberge. Landschaftsbilder wie in Wildwestfilmen. Riesige Springbockherden zogen einst durch diese einzigartige Landschaft. Sie mussten den Schafen weichen. Im Karoo-Nationalpark vor den Toren von Beaufort West versuchen Naturschützer, den Tieren der Wildnis wieder eine Heimat zu geben.

Die Karoo ist ein Land der weiten Horizonte. Der Name stammt aus der Sprache der San und bedeutet trockenes, karges, steiniges Land. Nur selten fällt Regen und so blieb die Karoo bis in die Zeit um 1800 weitestgehend den wilden Tieren und den San überlassen. Den Herden folgend, zogen sie in kleinen Gruppen als Nomaden durch das Land.

Tafelberge in der Karoo

Und auch wenn die Karoo trocken und lebensfeindlich erscheint, so gab es doch eine große Zahl wildlebender Tiere. Historische Berichte sprechen von vielen Millionen Springböcken. Wie viele Wildtiere es nun wirklich bis ins 19. Jahrhundert hinein gab, weiß niemand. In

Zebras

manchen Jahren formierten sie sich zu riesigen Herden, um im Winter nach Süden zu den Weidegründen der Winterregengebiete zu ziehen. Ihnen folgten Herdentiere wie Elen-Antilopen, Gnus, Quaggas, Blessböcke und andere mehr. Ein Bericht aus dem Jahr 1849 aus Beaufort West beschreibt, wie eine riesige Herde einem Heuschreckenschwarm gleich über die Straßen und Gärten der Stadt herfällt, alles niedertrampelt und nach drei Tagen nichts als kahlgefressenes zerstörtes Land hinterlässt.

Im 17. Jahrhundert begannen europäische Kolonisten, die „Trekboeren", mit ihren Ochsenkarren und Viehherden durch die Karoo zu ziehen. Seit etwa 1800 entstanden auch Farmen. Merinoschafe fanden hier gute Bedingungen und so suchten immer mehr Siedler ihr Glück. Beaufort West wurde 1818 gegründet.

Springbock & Co waren nicht nur Futterkonkurrenten für die Schafe, ihr Fleisch galt auch als willkommene Bereicherung des Speisezettels. Ihre Häute waren begehrt, und so wurden die Herden nach und nach von den Flinten der Farmer und Jäger dezimiert. Das Quagga, eine Zebraart, war in den 1870er-Jahren ausgerottet. Die letzte Springbockwanderung wurde im Jahr 1896 registriert. Viele

Jahrzehnte lang gab es keine größeren Wildtiere mehr in der Karoo. Erst in der zweiten Hälfte des 20. Jahrhunderts änderte sich der Blick auf die Natur. Mit der Gründung des Karoo-Nationalparks vor den Toren von Beaufort West im Jahr 1979 wollte man ihr etwas zurückgeben, was man vorher genommen hatte. Bis heute entstand aus kleinen Anfängen in den Nuweveld-Bergen ein Wildschutzgebiet von nahezu 100.000 Hektar.

Fossil Trail

In den ersten Jahren siedelte man verschiedene Antilopenarten an, die in früheren Jahrhunderten in der Region gelebt hatten. Die Zahl der Bergzebras ist wieder auf über 500 Tiere angewachsen. Später kamen Nashörner dazu, die für 200 Jahre in der Karoo ausgerottet waren, im Jahr 2010 schließlich auch Löwen, als der Bestand an möglichen Beutetieren ausreichend angewachsen war. Die Geschichte vom Löwen Sylvester, der zweimal aus dem Nationalpark entkommen konnte und erst nach mühsamer Suche wieder eingefangen werden konnte, ging im Jahr 2015 durch die südafrikanische Presse.

Im Karoo-Nationalpark sind für den Besucher mehrere Routen zur Tierbeobachtung erschlossen. Es gibt eine Schleife von etwa 60 Kilometern, die jedermann auch mit dem Pkw befahren kann. Der größte Teil des Nationalparks ist indes nur über Pisten zugänglich, die ein geländegängiges Fahrzeug erfordern. Reizvoll und einsam ist die Nuweveld-Piste, eine Rundfahrt von etwa 90 Kilometern, die tief ins Innere des Reservats hineinführt und dem Besucher eine wahrhaft majestätische Landschaft vor Augen führt.

INFO

Lage: Beaufort West liegt etwa 460 Kilometer nordöstlich von Kapstadt an der N1. Die Zufahrt zum Nationalpark liegt wenige Kilometer westlich der Stadt

Anschrift: Off N1, Beaufort West, 6970, Tel. +27 23 415 2828

Aktivitäten:

- Geführte Wildbeobachtungsfahrten mit offenen Autos im Nationalpark, vorzugsweise für Übernachtungsgäste, darunter ein zwei- bis dreistündiger Morning Drive und eine Nachtfahrt, Minimum vier Personen.
- Fossil Trail: 400 Meter langer Lehrpfad im umzäunten Gelände des Besuchercamps, der die reichen Fossilienfunde der Region präsentiert.

Unterkünfte:

- Nationalpark: Main Camp mit Restaurant und 37 Bungalows unterschiedlichen Zuschnitts sowie 24 Campingstellplätzen; Buchungen über die Webseite des Nationalparks.
- Am Nuweveld Trail außerdem zwei einsam gelegene Hütten, das Afsaal Cottage und das Embizweni Cottage; Buchungen über die Webseite des Nationalparks.
- Lemoenfontein Game Lodge: mit privatem Naturreservat neun Kilometer nördlich der Stadt; off de Jagers Pass, Beaufort West, 6970, Tel. +27 23 415 2847, *lemoenfontein.co.za*
- In der Stadt Beaufort West mehrere Hotels und zahlreiche Gästehäuser.

Website: *sanparks.org/parks/karoo*

47. Graaff-Reinet: Hauptstadt der Karoo

Kahle Tafelberge begrenzen den Horizont. Graaff-Reinet, von einer Flussschleife des Sunday River umschlossen, ist die inoffizielle Hauptstadt der Karoo inmitten einer grandiosen Landschaft. Und zahlreiche Straßen der viertältesten Stadt Südafrikas haben das Flair einer historischen „Frontier Town".

Die Stadt wurde 1786 gegründet, nachdem die Ostindische Kompanie einen Landdrost eingesetzt hatte, um die weit verstreut lebenden Siedler in der Karoo einer stärkeren Kontrolle zu unterwerfen. Seither ist sie als Handels- und Versorgungszentrum unangefochtener Mittelpunkt der Karoo.

Groot Kerk

Wenige Orte in Südafrika haben ähnlich viele historische Gebäude aufzuweisen. Der Entdecker David Livingstone bezeichnet die Stadt einmal als „schönste kleine Stadt in ganz Afrika". Im Mittelpunkt Graaff-Reinets steht die neogotische Groot Kerk aus dem Jahr 1887. Ähnlich einer mittelalterlichen Kathedrale beherrscht sie das Bild der Stadt. In den Straßen ringsum stehen mehr als 220 Häuser unter Denkmalschutz, oft unscheinbare kleine Gebäude, die aus den ersten Jahrzehnten nach der Stadtgründung bis heute überdauert haben und nach wie vor das Stadtbild prägen.

Besonders malerisch ist die Parsonage Street, wenn im Frühling die alten Jacarandabäume in Blüte stehen. Hier befindet sich auch der älteste Kirchenbau der Stadt, das heutige John Rupert Theatre. Der Name erinnert an die aus Graaff-Reinet stammenden Milliardärsfamilie Rupert, die zahlreiche Restaurierungsprojekte finanziell unterstützte. Zum Familienbesitz zählt auch seit etwa zehn Jahren das beste Hotel der Stadt, das Drostdy Hotel an der Stelle des früheren Sitzes des Landdrostes. Ein Bummel durch Graaff-Reinet wäre unvollständig ohne einen Besuch des Reinet Houses, eines prachtvollen Anwesens im kapholländischen Stil, das heute ein Museum beherbergt.

Historische Häuser ...

... prägen das Stadtbild.

Drostdy Hotel, Lounge

Doch nicht nur die Stadt selbst ist sehenswert, auch die umgebende Landschaft beeindruckt. Der Horizont wird geprägt von rot leuchtenden Bergen, den Ausläufern des Sneeuberg-Gebirges. Geologisch gehören die Gesteine zur Beaufort-Gruppe, Sandsteine, die vor mehr als 250 Millionen Jahren abgelagert wurden. In die Spalten des Gesteins konnte an vielen Stellen vulkanisches Material eindringen, das sich verfestigte und als Dolerit bezeichnet wird. Da dieser Stein wesentlich härter ist als der umgebende Sandstein, hat die Erosion über viele Millionen Jahre eindrucksvolle Felsformationen hinterlassen.

Im nahen Valley of Desolation sind besonders imposante, bis zu 120 Meter hohe Felssäulen zu bestaunen. Auf einer steilen Straße geht es den Berg hoch, vorbei an Aussichtspunkten mit einem fantastischen Blick auf die Stadt und die umliegenden Berge. Die Schönheit des „Tals der Trostlosigkeit" ergründet man an besten bei einer kurzen Wanderung, die an einer Felskante entlangführt. Der Ausflug ist am reizvollsten am späteren Nachmittag, wenn die Felsen von der tief stehenden Sonne ausgeleuchtet werden.

Das Valley of Desolation liegt im Camdeboo-Nationalpark, der Graaff-Reinet ringförmig umgibt. Der Nationalpark ist erst 2005 entstanden, als mehrere Naturschutzgebiete zusammengeschlossen wurden. Bei einer Rundfahrt lassen sich Bergzebras und Antilopen beobachten und die Landschaft genießen. Das Reservat ist nicht sehr spektakulär, bietet sich jedoch an für einen Abstecher in die Natur. Denn wo sonst findet man eine Stadt, die auf allen vier Seiten von einem Nationalpark umschlossen ist?

Valley of Desolation

INFO

Lage: Graaff-Reinet liegt in der Karoo, etwa 670 Kilometer östlich von Kapstadt und 260 Kilometer nördlich von Port Elizabeth.

Aktivitäten:

- Museum im Reinet House: Murray Street, Graaff-Reinet, 6280, Tel. +27 49 892 3801, *graaffreinetmuseums.co.za/reinet_house.html*
- Township von Graaff-Reinet: lohnende Führung mit Besuch des Geburtshauses und des Grabes des Anti-Apartheids-Aktivisten Robert Sobukwe, der viele Jahre zusammen mit Nelson Mandela auf Robben Island gefangen war. Buchungen über die jeweilige Unterkunft oder über Karoo Connections.
- Obesa Cacti Nursery: sehenswerter Kaktusgarten, auch wenn Naturschützern Pflanzen von fremden Kontinenten ein Dorn im Auge sind; 49 Murray Street, Graaff-Reinet, 6280, Tel. +27 79 496 8067, *obesanursery.com*
- Camdeboo-Nationalpark mit dem Valley of Desolation: Zufahrt wenige Kilometer nördlich der Stadt von der R63; Tel. +27 49 892 3453, *sanparks.org/parks/camdeboo*
- Karoo Connections : organisierte Ausflüge in den Nationalpark und die Karoo: David McNaughton, 7 Church Street, Graaff-Reinet, 6280, Tel. +27 49 892 3978, *karooconnections.co.za*

Unterkünfte:

- Drostdy Hotel: elegant und an historischem Ort; 30 Church Street, Graaff-Reinet, 6280, Tel. +27 49 892 2161, *newmarkhotels.com/places/hotels/drostdy-hotel*
- zahlreiche Gäste- und Ferienhäuser in der Stadt und der Umgebung.

Website: *graaffreinet.co.za*

48. Nieu Bethesda: der älteste Fisch der Welt

Die weiten Landschaften der Karoo sind ein Eldorado für Paläontologen. Fossilienfunde machen den Ort Nieu Bethesda zu einem Brennpunkt der Erforschung der Erdgeschichte. Das Dorf selbst entpuppt sich als stilles und charmantes Refugium für Aussteiger.

Doleritfelsen bei Nieu Bethesda

JP Steynberg ist ein Farmer wie aus dem Bilderbuch. Eine imposante Erscheinung, der man ohne Weiteres zutraut, Zaunpfähle mit der flachen Hand in den Boden zu rammen oder ein ausgewachsenes Schaf eigenhändig zum Tierarzt zu tragen. Sein Hobby ist nicht alltäglich: Mit Begeisterung und Liebe zum Detail hat er Fossilien zusammengetragen, die er im Laufe der Jahre auf seiner Farm Ganora entdeckt hat.

Farmen bieten gute Unterkunft.

Die Karoo ist ausgesprochen reich an fossilen

Farmarbeiter-Cottage mit Windrad

Funden. Sie stammen aus dem Perm, einer Periode der Erdgeschichte, die den Zeitraum vor 300 bis 250 Millionen Jahren umfasst und mit einer großen Katastrophe zu Ende ging. Von besonderem Interesse sind die Fossilien der Therapsiden, landlebender, säugetierähnlicher Reptilien, die ein wichtiges Glied in der Entwicklung der Fauna sind. Mehrere Hundert verschiedene Arten dieser Tiere, die 50 Millionen Jahre vor den Dinosauriern lebten, sind aus der Karoo dokumentiert. Seine eigenen Funde stellt JP Steynberg in einem kleinen Museum aus. Prachtstück der Sammlung ist das weltweit einzige komplett erhaltene Exemplar des Fisches Compasia dela Harpi.

Ganora ist eine Gästefarm. Auch wenn die Farmen in der Karoo über riesige Ländereien verfügen, so reicht der Ertrag der Landwirtschaft oft nur mit Mühe zum Überleben. Vor allem die Trockenheit in den 2010er-Jahren hat vielen Betrieben zugesetzt: Die Zahl der Schafe musste drastisch vermindert oder es musste Futter zugekauft werden. So haben sich viele Farmen inzwischen ein zweites Standbein zugelegt: In nicht benötigten Farmgebäuden wurden Zimmer eingerichtet, um Besucher beherbergen und bewirten zu können.

Die Farm Ganora liegt in der Nähe von Nieu Bethesda. Die Wits University aus Johannesburg hat hier ebenfalls ein kleines Museum

Die skurrile Welt ...

mit fossilen Funden aus der Umgebung eingerichtet. Auch hat sich dieses entlegene Dorf in den letzten beiden Jahrzehnten einen Ruf bei Aussteigern erworben. So finden sich ein paar Bars und hippe Läden, die niemand in dieser gottverlassenen Einöde vermutet hätte.

Athol Fugard, der wohl bekannteste südafrikanische Dramatiker, wurde in der Gegend geboren und besaß in Nieu Bethesda ein Haus. Mit seinem Drama „The Road to Mecca", das auch verfilmt wurde, lenkte er die Aufmerksamkeit der Weltöffentlichkeit auf dieses Nest. Im Mittelpunkt des Theaterstücks steht Helen Martins (1897 bis 1976), die über 50 Jahre in Nieu Bethesda lebte und als Künstlerin ein eigenwilliges Werk hinterlassen hat, das sich in keine gängige Stilrichtung einordnen lässt.

... der Helen Martins

Ihr Wohnhaus ist heute ein Museum, im benachbarten Owl House kann man im Skulpturenhof ihre Werke bewundern. Dicht gedrängt stehen ihre aus Zement und Glas gefertigten Figuren in dem kleinen Areal: Eulen, Kamele, bizarre menschliche Figuren mit Gesichtern, die an prähistorische Kunstwerke erinnern. Sie lenken die Fantasie in eine mystisch verklärte Welt, die die Künstlerin inspirierte. Ob sie sich auch dem Besucher erschließt, muss jedoch jeder für sich selbst entscheiden.

INFO

Lage: Nieu Bethesda liegt etwa 50 Kilometer nördlich von Graaff-Reinet.

Aktivitäten in Nieu Bethesda:

- Ortsrundfahrten mit dem Eselskarren: Jakob van Staden, Tel. +27 72 987 9831
- Kitching Fossil Exploration Centre: Wer sich tiefer ins Reich der Fossilien hineingraben will, der kann in der New Street in Nieu Bethesda das Zentrum der Universität Witwatersrand besuchen und sich auch selbst auf die Suche nach Fossilien begeben; Hudson Street, Nieu Bethesda, 6286, Tel. +27 11 717 6685, *kfec.co.za*
- The Owl House: Museum mit Skulpturenhof von Helen Martin; Martins Street, Nieu Bethesda, 6286, Tel. +27 49 841 1733, *theowlhouse.co.za*
- The Bushman Heritage Museum: Galerie mit angeschlossenem Restaurant, t, die über die Geschichte und Kunst der San informiert; Muller Street, Nieu Bethesda, 6286, Tel. +27 49 841 1731, *bushmanheritagemuseum.org*

Unterkünfte:

- Ganora Guest Farm: Die Farm, wenige Kilometer nordöstlich des Dorfes, bietet Unterkunft und Mahlzeiten an; außerdem mehrere Wanderwege auf dem Gelände der Farm, unter anderem ein Fossil Walk zu Fossilienfundstellen; Tel. +27 49 841 1302, *ganora.co.za*
- zahlreiche Privatzimmer, Gästehäuser und Ferienwohnungen in Nieu Bethesda

Website: *nieubethesda.info*

49. Mountain-Zebra-Nationalpark

Nur wenige Kilometer von der Stadt Cradock entfernt erstreckt sich der Mountain-Zebra-Nationalpark. Ursprünglich allein als Refugium für die bedrohten Kap-Bergzebras geschaffen, ist das landschaftlich eindrucksvolle Naturreservat zu einem lohnenden Reiseziel abseits der gängigen Reiserouten geworden.

Das Kap-Bergzebra (Equus zebra zebra) ist das kleinste Zebra in Afrika und kommt nur im Süden und Westen Südafrikas vor. Es ist leicht erkennbar an seinem spezifischen Streifenmuster, das es von allen anderen Zebraarten unterscheidet. Die Streifen sind schwarz und deutlich breiter als bei Steppenzebras. Schattenstreifen fehlen. In den heißen Sommermonaten halten sich die Tiere überwiegend in den Bergen auf, im Winter wandern sie auch in tiefer liegende Weidegründe.

Einst waren Bergzebras weit verbreitet in Südafrika, doch hat die Jahrhunderte lang anhaltende Jagd die Art nahezu ausgerottet.

Garten Eden am Wasserloch

Kap-Bergzebra

Felle und Leder der Tiere waren begehrt. Außerdem konkurrierten die Zebras mit Rindern und Schafen um die besten Weiden. Als man nur noch 45 Exemplare in Südafrika zählte, wurde 1937 bei Cradock der Mountain-Zebra-Nationalpark gegründet, um die Art zu retten.

20 Jahre später lag der Bestand immer noch bei nur 80 Tieren. Man erkannte, dass man nicht nur die Tiere selbst, sondern ihren gesamten Lebensraum schützen musste. In der Folge erweiterte man den Nationalpark auf 28.400 Hektar. Die Zahl der Bergzebras stieg rasch an. Im Jahr 2016 lebten etwa 1000 Tiere im Park, obwohl immer wieder Gruppen in andere Wildreservate umgesiedelt wurden. Heute gibt es wieder 5000 Kap-Bergzebras in ca. 75 Reservaten, und die Art gilt nicht mehr als gefährdet. Eine Erfolgsstory!

Der Nationalpark ist nicht allzu groß, die meisten Pisten sind mit normalem Pkw befahrbar. Einzelne kürzere Strecken sind nur für Geländewagen zugelassen. Die besten Möglichkeiten zur Tierbeobachtung ergeben sich auf dem kleinen Hochplateau Rooiplaat, der längere Kranskop Loop ist vor allem von landschaftlichem Reiz.

Im Mountain-Zebra-Nationalpark findet der Besucher nicht nur Zebras, sondern auch Nashörner und viele Antilopenarten. Endemisch in Südafrika ist das Weißschwanzgnu (Conochaetes gnou), es kommt in keinem anderen afrikanischen Land vor. Einst zog es in großen Herden durch die Savannen, doch wie viele andere Tiere wurde es gnadenlos gejagt. Dank der Bemühungen der Naturschützer sind die Bestände von 1000 Tieren, die das große Gemetzel überstanden hatten, seit 1945 bis heute auf etwa 20.000 Gnus angestiegen.

Blessböcke

Von besonderem Interesse sind auch die Geparden. 2007 wurden vier Tiere im Park ausgesetzt. Sie akklimatisierten sich schnell und fanden reichlich Futter. Innerhalb von vier Jahren hatten sie sich auf 33 Tiere vermehrt. Da dies für ein relativ kleines Reservat zu viel ist, wurden etliche Tiere an andere Naturschutzgebiete abgegeben, andere sterilisiert. Erst seit 2013 auch ein Löwenrudel in den Park gebracht wurde, ist der Gepardenbestand unter Kontrolle. Löwen sind die natürlichen Feinde der Geparden – wo Löwen auftauchen, suchen sie das Weite. Zahlreiche Forschungen über Geparden wurden im Mountain-Zebra-Nationalpark vorangetrieben. Wer gut zu Fuß ist, kann im Park ein Geparden-Tracking buchen, um sich unter der Führung eines Wissenschaftlers oder Rangers auf die Suche nach den Tieren zu begeben.

Weißschwanzgnu

INFO

Lage: Der Nationalpark liegt wenige Kilometer nördlich von Cradock, etwa 800 Kilometer östlich von Kapstadt und 260 Kilometer nördlich von Port Elizabeth; Off R61, Cradock, 5880, Tel. +27 48 801 5700

Aktivitäten:

- Für Übernachtungsgäste werden zweistündige Wildbeobachtungsfahrten am Morgen, späten Nachmittag und am Abend angeboten, außerdem verschiedene geführte Wanderungen. Besonders attraktiv ist das Geparden-Tracking, Dauer drei bis vier Stunden.Vorausbuchung der Aktivitäten ist dringend geboten, Teilnehmer über 65 Jahren müssen für Wanderungen eine ärztliche Bescheinigung vorlegen, die nicht älter als 30 Tage ist. Tel. +27 48 801 5700, *mountainzebra@sanparks.org*

Unterkünfte:

- Im Nationalpark stehen im Hauptcamp Unterkünfte verschiedener Kategorien zur Verfügung. Das Camp besitzt auch ein Restaurant. Buchungen im Internet über die Webseite.
- Weitere Unterkünfte in der benachbarten Stadt Cradock.

Websites:

- *sanparks.org/parks/mountain_zebra/*
- *mountainzebranationalpark.co.za*

50. Die Tuishuise in Cradock: eine viktorianische Strasse

Sandra Antrobus ist eine bemerkenswerte Frau. Als sich in Cradock niemand für das Erbe des 19. Jahrhunderts interessierte, kaufte sie in den 1980er-Jahren mehrere Häuser, um sie zu erhalten. Heute hat sie um die 40 davon! Etliche davon können als Gästehäuser gemietet werden.

Herz ihres Immobilienimperiums ist die Market Street, ein Straßenzug, dessen Baubestand aus der Mitte des 19. Jahrhunderts weitgehend erhalten ist. Hier hatten sich Stellmacher, Schmiede und Sattler niedergelassen, die die Gefährte der Händler und Siedler wieder herrichteten, nachdem sie die Passage von der Küste über die Pässe der Küstengebirge hinter sich gebracht hatten. Cradock, im Jahr 1814 gegründet, war eine wichtige Zwischenstation auf dem beschwerlichen Weg von den Häfen an der Küste ins Landesinnere, nach deren Entdeckung auch zu den Diamantenfeldern von Kimberley.

Abendsonne über der Cradock

Die private Denkmalpflege begann mit einem Hagelsturm im Jahr 1980, der die Kürbisernte auf der Farm von Michael und Sandra Antrobus unverkäuflich machte. Da Farmer in der Karoo niemals aufgeben, machten sie einen Plan, kauften Ferkel, mästeten sie mit den Kürbissen und verkauften die Tiere mit gutem Gewinn. Mit dem Profit begab sich Sandra auf die Suche nach ein paar alten Dingen zur Ausstattung ihres Farmhauses. Sie kam auf den Geschmack, blieb in der Branche und eröffnete in Cradock ein Antiquitätengeschäft.

Häuser an der Market Street

Schließlich gerieten die verfallenden alten Häuser in der Market Street in ihr Blickfeld. Zwischen 1840 und 1870 gebaut, dienten sie ursprünglich als Wohnhäuser und Werkstätten für Stellmacher, Sattler und andere Handwerker. Für wenig Geld konnte sie etliche Gebäude erwerben, restaurieren und als Gästehäuser einrichten. Mit großer Leidenschaft für alte Möbel, Kunst und Krempel stattete sie die Häuser aus, in denen bis zu acht Personen wohnen können. Die Einrichtung ist nicht immer ganz stilrein, doch immer liebenswert und charmant. Und die nötigen Modernisierungen, den Gästen auch im 21. Jahrhundert einen angemessenen Komfort zu bieten, sind natürlich auch erfolgt.

1994 konnte sie auch das alte Victoria Manor Hotel am Anfang der Market Street erwerben. Bereits 1848 gegründet, ist es eines der ältesten Hotels im Lande – selbst Cecil Rhodes war hier schon Gast. Auch dieses Hotel, ein massiges, weiß gestrichenes hölzernes Gebäude, wurde in seiner Substanz kaum verändert. Es wirkt wie ein Gruß aus einer vergangenen Zeit. Während der Burenkriege diente der Keller des Hotelgebäudes als Gefängnis, heute beherbergt er einen urigen Pub. Im Victoria Manor befinden sich 16 Zimmer, das Restaurant und die Rezeption für die Tuishuise.

Auch anderswo im Ort erwarb Sandra Antrobus historische Häuser, die sie vor dem Verfall retten konnte. Inzwischen besitzt sie etwa 40! Ein Rundgang durch das Landstädtchen führt den Flaneur zu

Gästehäuser mit Geschichte

manchem Kleinod. Zu einer feministisch-literarischen Spurensuche lädt das Museum im Olive Schreiner House ein. Die über Südafrika hinaus sehr bekannte Schriftstellerin, die von 1855 bis 1920 lebte, galt als Freigeist und frühe Vorkämpferin für Frauenrechte. Ihren bekanntesten Roman „The Story of an African Farm" konnte sie nur unter einem – männlichen – Pseudonym veröffentlichen. 2004 wurde er in Hollywood verfilmt. Armin Müller-Stahl übernahm eine der Hauptrollen.

Amos Ntete, der sich im Hotel als Faktotum um das Wohlergehen der Gäste kümmert, begleitet sie auch auf Wunsch auch in die Township von Cradock. Dort erinnert ein vor einigen Jahren errichtetes Monument an die Cradock Four, vier Anti-Apartheids-Aktivisten um Matthew Goniwe, die 1985 im Zuge einer Geheimdienstoperation ermordet wurden.

INFO

Lage: Cradock, seit 2022 auch Nxuba, liegt ca. 250 Kilometer nördlich von Port Elizabeth.

Aktivitäten:

- Olive Schreiner House: erinnert an die Schriftstellerin; 9 Cross Street, Cradock, 5880, Tel. +27 48 881 5251, *thegreatkaroo.com/listing/olive_schreiner_house_cradock*

Unterkünfte:

- Die Tuishuise & Victoria Manor: Market Street, Cradock, 5880, Tel. +27 48 881 1322, *tuishuise.co.za*
- Dirosie Lodge: 29 Gästezimmer auf der Farm Buffelshoek, auf der Olive Schreiner ihre letzten Jahre verbrachte und auch begraben liegt; Wildbeobachtungsfahrten und Touren zur stimmungsvoll gelegenen Grabstätte; 19 Kilometer südlich von Cradock; Buffelshoek Farm, R337, Halesowen, Croadock, 5880, Tel. +27 60 433 4797; *buffelshoekcradock.co.za*

Websites:

- *karoospace.co.za*
- *karooheartland.com*

Register

M

N

O

P

R

Bildnachweis:

Alle Bilder von Ulrich Rosenbaum außer: A3alb, CC BY-SA 3.0 S. 70, 121, 135o | Abu Shawka CC BY-SA 3.0 S. 22o | Adobe Stock Cover, S. 126/127 | African Budget Safaris CC BY-SA 2.0 S. 103 | Alexander Leisser, CC BY-SA 4.0 S. 21u | Amada44, CC BY-SA 3.0 S. 160 | Andreas Goellner pixabayS. 134 | Andrew Hall, CC BY-SA 3.0 S. 87o, 155u | Anouk Pilon CC BY-SA 2.0 S. 36u | Axxter99, CC BY-SA 4.0 S. 30 | Babylonstoren S. 78/79, 80 | Bernard DUPONT from FRANCE CC BY-SA 2.0 S. 21o | Bernard303, CC BY-SA 4.0 S. 51 | Bernhard Hecker CC BY-SA 20 S. 17o | Chs87 CC BY-SA 4.0 S. 15u | Daniel Case, CC BY-SA 3.0 S. 26/27 | David Stanley CC BY 2.0 S. 39o | Dewet, CC BY-SA 2.0 S. 71 | Discott CC BY-SA 4.0 S. 18 | Discott, CC BY-SA 3.0 S. 43 | eanine Smal pixabay S. 19o | EC-Sequeira, CC BY-SA 3.0 S. 83 | fiverlocker from Brighton, UK, CC BY-SA 2.0 S. 248 | FoodTravel_com CC BY 2.0 S. 35o | Frans-Banja Mulder CC BY 3.0 S. 17u | Georgio, CC BY-SA 3.0 S. 142 | Gerrit Vermeulen CC BY-SA 2.0 S. 36o | Graeme Churchard, CC BY 2.0 S. 50 | Gregorydavid at the English-language Wikipedia CC BY-SA 3.0 S. 22u | HelenSTB CC BY 2.0 S. 63o | Janek Szymanowski, CC BY-SA 3.0 S. 136 | JCPBFerreira CC BY-SA 4.0 S. 23 | JessyAM, CC BY-SA 4.0 S. 209, 210, 211 | Jnanaranjan sahu CC BY-SA 4.0 4.0 S. 44 | Kemal Kestelli CC BY-ND 2.0 S. 38 | Khwa ttu Centre S. 186, 187o, 188u | landagent, CC BY-SA 3.0 S. 156o, 156u | LiebeB, CC BY-SA 4.0 S. 39u | Manoel Lemos CC BY-SA 2.0 S. 102 | map4news S. 24, 25, 29, 61, 93, 125, 185, 223 | Missysimons, CC BY-SA 3.0 S. 58/59 | Moheen Reeyad Wikimedia Commons S. 16u | Molteno, CC BY-SA 4.0 S. 146, 147 | Morné van Rooyen, CC BY-SA 4.0 S. 45 | Octagon CC BY 4.0 S. 19u | Olga Ernst, CC BY-SA 4.0 S. 52, 104, 158, 159o, 159u, 161 | Ossewa CC BY-SA 3.0 S. 16o | Photograph by Mike Peel www.mikepeel.net CC BY-SA 4.0 S. 15 o, 233 | PHParsons S. 155o | pxhere.com S. 14 | Raymond Ellis, CC BY-SA 3.0 S. 75 | Romaine, CC0, via Wikimedia Commons S. 20 | s9-4pr, CC BY 2.0 S. 90/91 | Samosa Rajan1981, CC BY-SA 4.0 S. 40o | SApalnts cc by-sa 4.0 S. 216 | Satdeep Gill, CC BY-SA 4.0 S. 154 | South African Tourism from South Africa, CC BY 2.0 S. 107, 120u. 148o, 234 | Steve Buissinne Pixabay S. 106 | Suzi-k, CC BY-SA 3.0 S. 118, 119, 120o | Tottelme, CC BY-SA 3.0 S. 84 | Vincent Mourre Inrap, CC BY-SA 3.0 S. 106 | Vincent van Oosten pixabay S. 108 | Werner Bayer CC BY-SA 1.0 S. 72 | wordpress_com CC BY-SA 4.0 S. 117